世界の考古学
㉔

中米の初期文明オルメカ

伊藤伸幸

同成社

メキシコ湾岸（オルメカ文明中心地）の遺跡

サン・ロレンソ遺跡　オルメカ文明初期の拠点遺跡。先古典期前期～後期。

ラ・ベンタ遺跡　オルメカ文明の拠点遺跡。先古典期前～中期。

メキシコ中央部〜ゲレロ州の遺跡

チャルカツィンゴ遺跡 メキシコ中央部、モレロス州にある先古典期中〜後期の拠点遺跡。

テオパンティクアニトラン遺跡 ゲレロ州にある先古典期前〜中期の遺跡。

オアハカ〜メソアメリカ南東部太平洋側の遺跡

サン・ホセ・モゴーテ遺跡　オアハカにある先古典期前〜中期の拠点遺跡。

ピヒヒアパン遺跡　メソアメリカ南東部の太平洋岸に位置する。オルメカ様式の浮彫りが出土している。

メソアメリカ南東部太平洋側の遺跡

タカリク・アバフ遺跡　グァテマラ高地にある先古典期〜古典期の遺跡。オルメカ様式とマヤ様式が共存する。

イサパ遺跡　先古典期前期〜後古典期の拠点遺跡。

まえがき

　マヤやアステカより古くメソアメリカに栄えたオルメカ文明は、メキシコ湾岸に位置するサン・ロレンソやラ・ベンタ、トレス・サポテスといった遺跡を代表とする。これらの遺跡に共通する要素として第一に挙げられるのは、巨石人頭像をはじめとする巨大な石彫の製作である。さらに、土製基壇をつくることも共通しており、これら土製基壇の上には腐食しやすい有機質の建築材で神殿などの建物をつくっていたと考えられる。また、オルメカ文明の特徴がみられる遺物・遺構は、主に、メキシコ湾岸、メキシコ中央部、メキシコ西部にあるゲレロ州およびオアハカ盆地、メソアメリカ南東部太平洋側の5つの地方に分布する。

　オルメカ文明はこれまで、漠然と認識された"美術様式"もしくは"常識"に基づいて研究されてきた。しかしオルメカ文明の中心とされるメキシコ湾岸の先古典期中期文化をオルメカとした場合に、メソアメリカの各地方では必ずしも同じ文化が発展しているわけでなく、独自の文化を発展させている。したがって現時点では、オルメカ文明を単純にひとまとめにすることはできない。そのため、従来オルメカ文明の影響と簡単に片付けられていたオルメカ様式をもつさまざまな考古学資料は、メソアメリカ文明の枠組みにあって上記5地方の文化との関連のなかで位置づけることが必要となっている。また、最近の刺激的な発見や研究成果をみていると、オルメカ文明をメソアメリカ文明のなかに正しく位置づけることの必要性

がますます痛感させられている。

そうしたことから本書では、オルメカという定義に振り回されることなく、先古典期という編年上の枠組みによって、オルメカ文明全体の特徴、時期的変遷、地域差等を再考し、同時期の文化や後に繋がる諸文化・文明を具体的に比較することに力を注いだ。そして、先古典期文化に対する最近の資料を含めて、オルメカ文明をメキシコ湾岸地方もしくは在地の文化という観点から再考することを重要なテーマとした。

最新の研究成果によれば、これまで産地が分からなかったオルメカ文明にしばしばみられる青みがかったヒスイの鉱脈が、グァテマラのモタグア川上流で発見されたという。また、ゴムまりや木彫などの有機質の遺物が複数の遺跡から出土し、石彫がリサイクルされた可能性が指摘され、さらに、メソアメリカ地域における文字の起源がメキシコ湾岸オルメカ文明地域である可能性が示されてもいる。そうしたことを踏まえて、本書では、オルメカ文明をメキシコ湾岸で発展した先古典期中期の文明ととらえ、メソアメリカの他地域の文化やオルメカ文明に先行する、もしくは後に続く文化と文明から、オルメカ文明の歴史的な位置づけを試みている。

具体的にはオルメカ文明に特徴的な巨大石彫製作と土製建造物のさまざまな例について検討し、この文明を支えた農耕や種々の動植物利用の実態を探り、オルメカ文明の政治権力を象徴する玉座のような遺物からその政治的な側面を考えた。また、オルメカ人の精神文化の中心をなしたジャガーなどの動物信仰からもオルメカ文明の実態を探った。さらに、オルメカ文明と同時期のメソアメリカにおける各地方文化を比較し、オルメカ文明の後に栄えたメソアメリカ

の文化からオルメカ文明の後継者について考え、最後に、オルメカ文明がメソアメリカにおいて果たした役割についてまとめた。

　本書が、きわめて断片的な叙述の連続になっているのではないかとの危惧の念はあるが、読者諸氏にとってオルメカ文明、さらにメソアメリカ諸文明を理解するためのしかるべき手がかりとなれば幸いである。

著　者

（カバーの写真：ラ・ベンタ遺跡で発見された巨石人頭像）

目　　次

まえがき

第1章　オルメカ文明とその環境………………………… 9
　1．オルメカ文明とは　10
　2．メソアメリカの自然　18
　3．オルメカ文明が興った地域と周辺の環境　23
　4．オルメカ文明の時期区分　27

第2章　オルメカ文明に先行する文化……………………31
　1．初期狩猟民の文化　31
　2．古期から先古典期前期までの動植物利用　37

第3章　オルメカ文明の興隆………………………………45
　1．巨大石彫の製作　45
　2．土製建造物と石造建造物　65
　3．植物利用と農耕　69
　4．文　字　78
　5．政治組織　81
　6．ジャガー信仰　92
　7．交　易　105
　8．オルメカ様式の広がり　107

第4章　オルメカ文明の中心地とその周辺………………115
　1．オルメカ文明の中心地　115
　2．周辺地域　129
　3．周辺地域からみたオルメカ文明　154

第5章 オルメカ文明と同時期の文化 ……………………159
1．メキシコ西部　159
2．メキシコ中央部　164
3．オアハカ　170
4．メキシコ湾岸　175
5．マ　ヤ　178
6．オルメカ文明とメソアメリカの諸文化　196

第6章 オルメカ文明の後継者 ……………………………199
1．後継となる古代メソアメリカ都市　199
2．文字資料　202
3．四脚付テーブル状台座　206
4．壁龕と怪物の口　210
5．石　彫　213
6．生　業　224

第7章 オルメカ文明の果たした役割 ……………………227
1．集落と都市　227
2．文字と碑文　228
3．玉　座　228
4．石　彫　230
5．生　業　234
6．メソアメリカ文明におけるオルメカ　235

オルメカ文明編年表　236
参考文献一覧　238
遺跡索引　247
あとがき　253

中米の初期文明オルメカ

第1章　オルメカ文明とその環境

　アメリカ大陸には2つの高文明圏がある。中央アメリカ地域のメソアメリカ文明と南アメリカのアンデス文明であり、オルメカ文明はメソアメリカ文明に属している。1943年にメソアメリカを初めて定義したキルヒホッフは、先住民文化の特徴をもとにアメリカ大陸を以下の5地域に分けているが、メソアメリカは③の高次の農耕民に属すとしている（Kirchhoff 1943）。

①北アメリカの採集、狩猟、漁撈民
②北アメリカの低次農耕民
③高次の農耕民（高文化）
④南アメリカの低次農耕民
⑤南アメリカの採集、狩猟民

　キルヒホッフはまた、5地域の特徴的な要素を比較しており、メソアメリカの要素としては、階段状ピラミッド、球戯場、文字の使用、52年を周期とする暦、人身犠牲、黒曜石の研磨技術、黄鉄鉱の鏡としての利用、紙・ゴムの儀礼的な利用、チナンパなどの農耕、トウモロコシ・カカオ・リュウゼツランの利用などをあげている。

　メソアメリカの地理的範囲は図1の地図に示すように、北はメキシコ北部から南はホンジュラスもしくはエル・サルバドルまでであり、さらにメキシコ中央部、メキシコ湾岸、オアハカ、マヤ、メキシコ西部に分けられている（図1）。しかし、最近の調査の進展から、

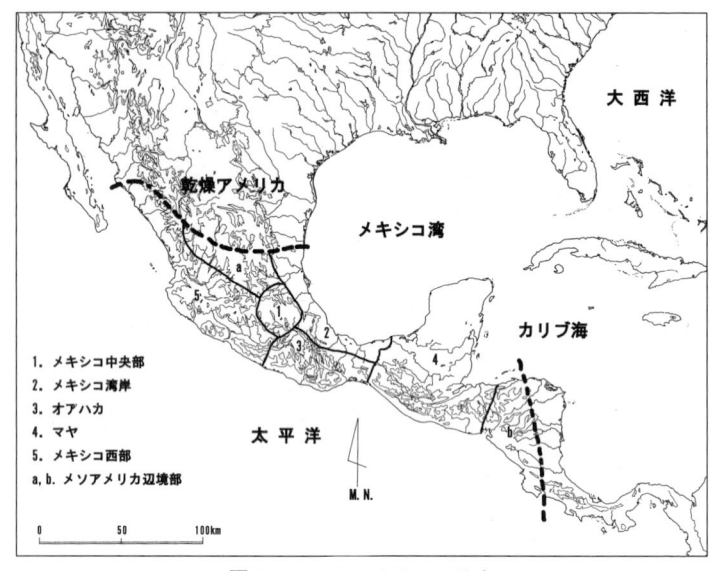

図1　メソアメリカの5地方

メキシコ中央部はメキシコ盆地とそれ以外の地域に、メキシコ西部はオルメカ文明の影響がみられるゲレロ州とそれ以外の地域に分ける場合もある。また、マヤ地方は南側に広がる太平洋岸から高地までの地域を南海岸と分けられる。本書ではメソアメリカ南東部太平洋側とし、太平洋岸と高地に分けることとする。

1. オルメカ文明とは

オルメカ文明の発見

オルメカ文明の代表的な遺物である巨石人頭像がメキシコ人メルガーによってメキシコ湾岸のジャングルの中で初めてみつけられた

のは1869年のことであった。彼はこの石像が黒人的な特徴を持っていると簡単に記すのみで、石像を取り巻く文化についてさほど気にとめたようすはなかった（Melgar 1869）。

その後、この文明に関心を抱いたヴァイラントは、その特徴や地理的分布、また歴史を論じ、初めてオルメカと名付けた（Vaillant 1932）。

しかし、1942年にメキシコで開かれたオルメカとマヤに関する円卓会議によりこの文化の特徴および定義が示されるまで、オルメカが人びとに認識されることはほとんどなかった。この会議において、マヤ文明よりもオルメカ文明が古いことが明らかにされ、またコバルビアスらがこの文化の特徴、起源、地理的広がりを論じ、オルメカ文明には古期文化以外の要素がないことを明らかにした（Covarrubias 1942）。彼らはオルメカ文明にしばしばみられるジャガーに注目し、この動物が雨や大地、信仰と関係があり、ジャガーに関連する後代の神々はオルメカのジャガー神が発展したものとした（図2）。美術様式からオルメカ文明を考えている。

この時期、オルメカ文明が再発見され、この文明の定義や古さが議論されたのである。スターリングによってラ・ベンタ、サン・ロレンソ遺跡が（Stirling 1943, 1955）、またドラッカーらによってトレス・サポテス遺跡が調査され（Drucker 1952）、出土した炭化物が放射性炭素年代測定法にかけられた結果、この文明が先古典期中期に位置するものであることが判明した。

地理的範囲

オルメカ文明に属する遺跡を初めて組織的に発掘調査したスターリングは、この文明はメキシコ中央部からエル・サルバドルまで分

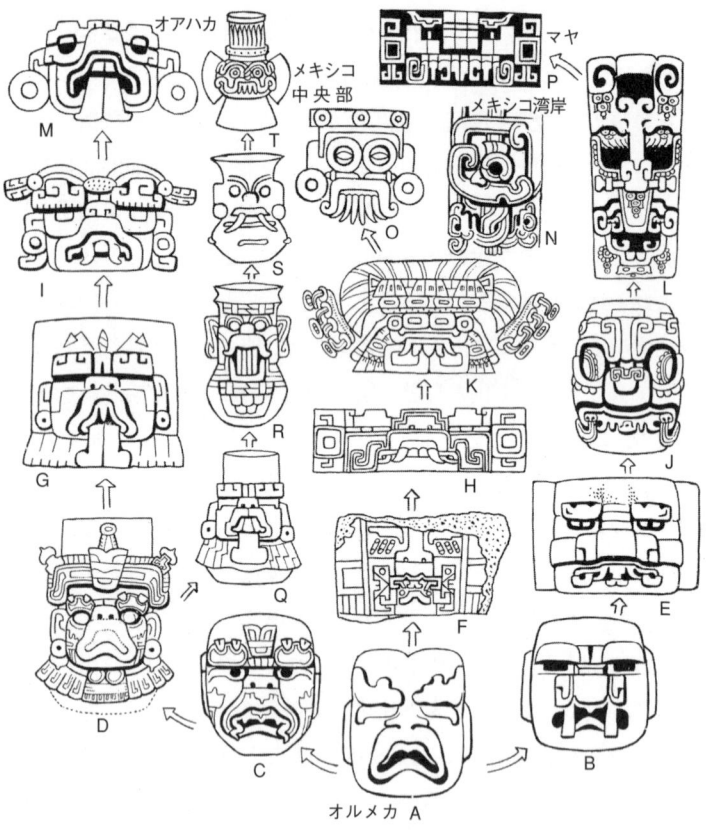

図2 オルメカから発展したジャガー神（Covarrubias 1942より作成）

布していると述べた。その後のさまざまな調査や発見の結果からオルメカ文明の広がりをみると、動かしにくい記念碑的な石彫の北限はメキシコ西部のゲレロ州からメキシコ中央部を通りメキシコ湾岸地方のビエホン遺跡までである。南限はメソアメリカ南東部太平洋

側のチャルチュアパ遺跡から北上し、マヤ中部低地の南東端に位置するヨホア湖畔のロス・ナランホス遺跡を結ぶ線が境界となる。また、この範囲の中で、マヤ北部中部は除外される。

この動かしにくいものの分布は、オルメカ文明を持ったオルメカ人の分布を示しており、直接オルメカ文明の範囲を示している。

一方、動かしやすい遺物であるヒスイ製品、土器などの分布はオルメカ文明のものの移動を示すだけである。この中でヒスイ製品はコスタ・リカまで広がっている。これは、交易などでコスタ・リカまで運ばれたとも考えられる（伊藤 2007）。

文明の起源と発展

コバルビアスは、様式からオルメカ文明の起源を考え、最も古い時期の遺物がみられるオアハカ州、ゲレロ州の太平洋斜面でこの文明が起こった可能性を示している。ウィックもまた、様式の分析を基礎にしてオアハカ地方のミシュテカ・アルタ地域に起源があるとしている。ヒメネス・モレーノは、主に歴史学的に考察し、ラ・ベンタ遺跡で開始したと考えている。

考古調査から得られた資料から論じる研究者もいる。ベルナルやコウは、ベラクルスとタバスコ州に起源があるとし、ピニャは起源に関して2つの中心地（メキシコ中央部、メキシコ湾岸）があるとしている（Bernal 1968；Coe 1981；Piña 1982）。最も古い遺跡であるサン・ロレンソでは、古い土器文化があったことが知られており、この土器文化はメソアメリカ南東部太平洋側の太平洋岸のバラ - ロコナ - オコス期といったメソアメリカで最も古い土器文化と関係が深いとされる。この事実をみると、テワンテペック地峡をはさんで

同じような文化があったことがわかる。この古い土器文化を持つ人びとがメキシコ湾岸でオルメカ文明をつくったことが考えられる。

　ではオルメカ文明はメキシコ湾岸の人びとによって独自につくられたのであろうか。この問いに関する答えはまだみつかっていない。

　メソアメリカ南東部太平洋側にみられる初期土器文化がメキシコ湾岸にも出現した後、オルメカ文明はどのように発展をとげたのであろうか。

　ピニャとコバルビアスは、北米の諸文化との比較、ラ・ベンタ遺跡の発掘結果などからオルメカ文明を論じている。それによれば、紀元前1500-800年に先在の土器文化とオルメカ文明が融合し、①テワンテペック地峡～メキシコ湾岸、②オアハカ～メキシコ中央部という経路を辿って2の中心地（メキシコ中央部、メキシコ湾岸）が出現する。それはさらにメキシコ湾岸、メキシコ中央部、メキシコ西部、メソアメリカ南東部太平洋側に広がり、紀元前800-200年にはベラクルス州南部、タバスコ州北部を核とした地域で石工技術が頂点に達する。一方、第2の核であるメキシコ中央部、およびゲレロ州では小石彫が発展する。その後、河川や渓谷に沿って交易が増大し、最初の祭祀センターがメキシコ湾岸に出現した。紀元前200～300年には、オルメカの特徴を失いつつ地方文化が発展するが、一部地方にはその影響が残った、としている。

　オルメカ文明をメソアメリカ文明の中に位置づけるにあたって、研究者に2つの立場がある。たとえばコバルビアスは、この文明はメソアメリカにとって最も重要な母文明の可能性があるとした。一方、スミスは、これはメソアメリカの母文明ではなく、ベラクルス中央部古典期文明の母文明であるとしている。

オルメカ文明の政治形態はどうであったかといえば、カソは小像などの特徴からオルメカ帝国の可能性を論じている。また、オルメカ文明を型式と分布から考えるコウは、先進地域となるベラクルス‐タバスコ州地域では中心となる神話的図象がどこにもみられ、それ以外の地域は軍事的主題が多いので、オルメカの植民地としている。さらにベルナルは、最初に文明化されたメトロポリタン地域、前者と共に自己の文化を発展させたオルメコイデ地域、オルメカ文明より影響を受け自己の文化を発展させていない植民地地域に分かれるとしている（伊藤2007）。

これら研究者の見解をもとに、現在、オルメカ文明に関してわかっていることをまとめると、以下のようになる。

オルメカ文明の範囲としては、オルメカ様式をもつ記念碑的な石彫が出土している遺跡を基準に考えると、メキシコ湾岸中央部からメキシコ中央部を通りゲレロに至る線で北の境界が引ける。また、南の境界はマヤ地方の南東端に位置するチャルチュアパ遺跡からホンジュラスのヨホア湖畔のロス・ナランホス遺跡で線が引ける。

本書では、美術様式よりも文化の内容を優先して考えることとする。オルメカ文明の範囲をメキシコ湾岸に限定し、先古典期前期から中期にかけて、サン・ロレンソ、ラ・ベンタの両遺跡を中心に栄えた文明をオルメカ文明とする。それ以外の地域のオルメカ文明の要素を持つ文化は、その影響を受けていた文化と考えることにしたい。

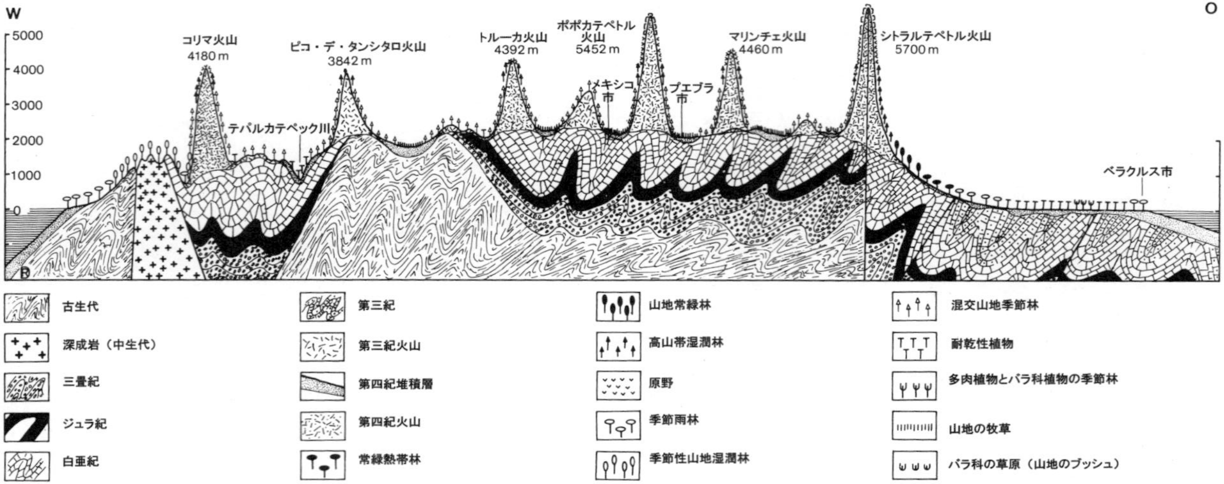

図 3 メソアメリカの地理的特徴（メキシコ西部～メキシコ湾岸）（Lauer 1986 より作成）

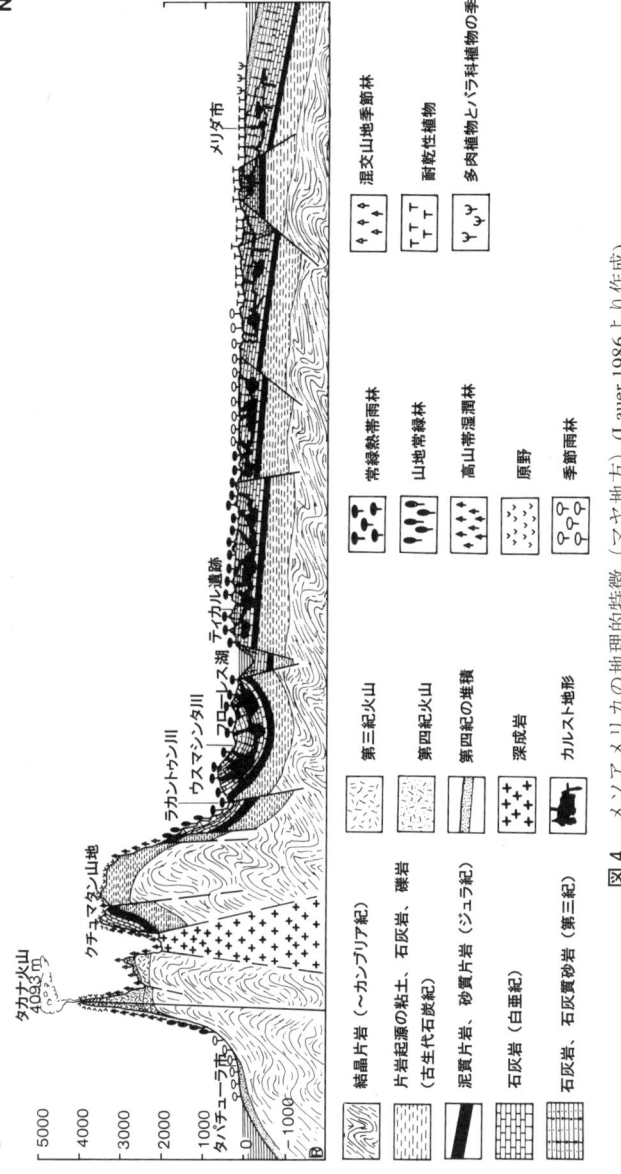

図4 メソアメリカの地理的特徴（マヤ地方）(Lauer 1986より作成)

2．メソアメリカの自然

　メソアメリカ地域の自然は多様である。アメリカ合衆国テキサス州からテワンテペック地峡までは平原が広がり、多くの河川がメキシコ湾に流れ込んでいる。東西には大きな2つのシエラ・マドレ山脈がある。西部シエラ・マドレと東部シエラ・マドレ山脈がメキシコ北部からテワンテペック地峡まで伸びている。この東西シエラ・マドレ山脈の間には、乾燥した高原が広がっている。テワンテペック地峡には括れ部分があり、250m以下の低地が広がっている(図3、4)。

各地域の地勢

　メキシコ中央部では、針葉樹の森林が覆い、メキシコ盆地には大きな湖があった。この湖は、北に位置する塩湖（ハルトカン、テスココ）と淡水湖（ショチミルコ、チャルコ）に分かれている。メキシコ西部には、チャパラ湖、パツクアロ湖があり、ミチョアカン州やコリマ州などでは豊富な森林がみられる。メキシコ湾岸には、熱帯雨林のジャングルがあったとされるが、現在は広大な沼沢地が広がっている。オアハカは山に囲まれた地域であり、オアハカの中心部は3つの盆地からなる。オアハカから、北の山を越えるとメキシコ盆地、東の山を越えるとメキシコ湾岸、西の山を越えると太平洋に至る。南にはテワンテペック地峡がある。また、メソアメリカ南東部太平洋側ではシエラ・マドレ山脈の続きと思われる山脈が太平洋側のテワンテペック地峡から中央アメリカに延びている。

　マヤは北部中部南部に分けられる。サバンナ地域が広がる北部、

熱帯雨林が広がる中部、針葉樹の森林がみられる南部がある。また、低い標高のマヤ地方北中部と4000メートル級の山もある山脈が連なるマヤ地方南部とでは、植生も大きく異なる。北部はユカタン半島に位置しており、全体が石灰岩で形成されている。そのところどころに、円形の穴が開いており、そこにセノーテと呼ばれる泉がある。南部では、メキシコのチアパス州からグァテマラにかけて多くの火山がみられ、火山起源の肥沃な土壌が広がっている。植物相については、低地の熱帯では新世界固有の種がみられる。山岳部では地質時代に全北区の植物が入ってきたが、南半球南極圏からの植物もみられる。

気　候

メソアメリカでは、乾燥気候から熱帯雨林気候までさまざまな気候がみられる。四季はなく、雨期と乾期に分かれる。乾期は11月頃から5月頃まで、雨期は5月から11月頃である。降水量は、乾燥している地域の300㎜から風雨にさらされる山の斜面の5000㎜まである。また、寒暖の差は年間で数度であるが、乾燥の差は大きい。

　高度によって気候も異なる。メソアメリカの山々の東斜面は貿易風を受け、降水量が多くなる。最も多い降水量はグァテマラ高地の北斜面で、3～5月はほとんど雨が降らないが、5000㎜にもなる。マヤ地方では2～3月だけはほんの少しの降水量しかない。東部シエラ・マドレ山脈西側の台地や盆地では少なくとも1000㎜に達する。ただ、西部シエラ・マドレ山脈の標高が高い部分では1000～2500㎜になる。メソアメリカの中心部分では、北では6～7ヵ月間、南では4～5ヵ月間雨期が続く。バルサス川やモタグァ川などの山

と山に囲まれた深い谷や盆地では年間500mm以下の降水量しかない。4〜11月は降水量はあるが、あとは乾期である。

　雨期は数週間の移行期はあるが、4〜5月に始まる。メソアメリカ西側の海岸では10月に雨期が終わる。赤道の熱帯から来る季節風によって、雨の大半は6月と9月に降る。また、降水量は西と東の海岸地帯のサイクロンやハリケーンに由来することも多い。

　乾期には北アメリカ起源の北風が吹き、メソアメリカの作物に影響を与える。特に北もしくは北東に面した斜面では10℃まで気温が下がる。北風は嵐を伴うこともあり、東の海岸では12月や1月まで雨期が続くこともある。厳しい北風は山の頂から内陸の盆地や海岸の平野まで下り、農作物に害を与える原因にもなる。また、乾燥地帯では砂風が盆地や山々でみられ、数百キロメートルの距離になることもあるが、黄褐色の土を運ぶ。これが、表土の土壌の移動を招いている。

　メソアメリカは標高により気候の変化がみられ、5つの地帯に分けられる。0〜800mは熱い地帯、800〜1800mは温暖な地帯、1800〜3200mは冷涼な地帯、3200〜4100mは凍結する地帯で、それより高い部分は積雪がみられる地帯である。

　熱い地帯は、標高800mまでの地域である。年平均気温は24〜28℃で、あまり季節の変化がみられない。ユカタンを含む海岸地帯が相当する。植物相は熱帯雨林である。熱帯雨林のジャングルは地峡地帯の西側斜面に帯状に広がっており、ユカタン半島南部、ペテン県、タバスコ州、チアパス州北東部からアルタ・ベラパス県まで延びている。多くの雨が降る湿潤な気候では、地表部では蔓性木本や着生植物の種類が多い。ジャングルでは、元来、マホガニーやセ

ンダン科の植物が多かった。ペテン県では、降水量が5000mmに達し、多種類のヤシが混じっている。クワ科の植物は古代よりその果実が重宝されている。サポジラはチューインガムの原料であり、ラモンの実は粉にしてパンがつくられた。多くの種類のチリモヤやケクロピア科の植物もある。沼地の近くではマヤ人たちにとって神聖な木であるセイバが多い。主となる栽培植物はカカオ、バニラ、パパイヤ、アノナ属の植物である。

温暖な地帯は標高800〜1800mの地域である。年平均気温は24〜18℃である。植物相は熱帯山地森林である。植物相は高度が800〜1000mになると、構成が異なってくる。ブナなどのブナ科やカバノキ科、シナノキ科、マンサク科フウ属などがみられる。南半球起源のクノニア科やマキ科マキ属もみられる。1500mm以上の降水量があるところでは、シダ類の木本がみられる。また、ブロメリア科の植物やラン、コケ、シダ、地衣類もある。800〜1800mでは、マツ、カシ、ナラの混じった湿潤季節林もあり、メキシコ中央の高原、オアハカやチアパスの山がちな部分でみられる。アカシアやミモザ類が混じり、サボテンも多くみられる。標高の高いメキシコ中央高原ではユリ科が優勢である。主な栽培植物には、アボカド、タバコなどがある。ユッカなどのリュウゼツラン科やノパルなどのサボテン科もある。

冷涼な地帯は標高1800〜3200mである。年平均気温は18〜10℃である。雨期の長さによって違いはあるが、乾燥地帯では高山植物が生えている。乾期はもっとも寒い時期になり、凍結もする。この高度では日光が環境に大きく影響を与える。標高1800mからは針葉樹が多く、カシが中心となる。さまざまなマツ類やモミノキもみられ

る。湿潤な地域ではパツラマツが特徴的な針葉樹の森がある。林床はコケ、シダ、地衣類で覆われ、着床植物のブロメリア、ラン、ヒカゲノカズラやサボテンが繁殖している。主たる栽培植物はトウモロコシ、リュウゼツランである。メキシコ中央高原北部はメスキテが特有である。

　凍結する地帯は、3200～4100mである。年平均気温は10～5℃である。この地帯では1年の内で乾期の120～220日ぐらいは、夜間には凍結している。4000mまでは、マツの一種のみが樹木限界線までみられる。マツ、コナラ、モミなどの針葉樹が生えている。主たる栽培植物はジャガイモになる。樹木限界線より上は藪や草しかない。ここまでが木が生える限界となる。また、4100m以上は積雪地帯であり、雪が積もる。

植物相

　乾燥の度合いによって植物相も異なる。

　太平洋側斜面と内陸の盆地と高原は落葉樹で覆われている。降水量が少なく乾期が長くなるところに、熱帯季節林がみられる。また、さらに湿潤な地帯は、メソアメリカ南端であるコスタ・リカからテワンテペック地峡まで続いている。メソアメリカ北部、内陸部や海岸部は乾燥地帯で、サボテンの藪がみられる。

　常緑広葉樹の熱帯雨林は数千年前からサバンナに変化してきた。熱帯季節林では乾期の3～5ヵ月間は枝葉が落ちる。開地のサバンナでは、ネムノキ、セイバ、コナカステがみられる。湿潤なところでみられる栽培植物として、カカオ、アボカド、サポーテがある。好乾性森林は5～7ヵ月間の乾期がある地域でみられるが、ユリ科

の葉をもつマメ科の木が多くみられる。これらの多くは長い乾期を耐えるためのトゲを持っている。多肉でトゲのある植物は乾燥したサバンナの特徴で、短い雨期（3〜4ヵ月間）で生育する。地表面では草木が散在している。ハシラサボテン、ウチワサボテン、サグアロ、リュウゼツランやトゲのある低木が特徴で、ユカタン北部、ベラクルス州、バルサス川流域や山々の切り取られた谷にみられる。

　メソアメリカ南部内陸の盆地は、モラルもしくはチャパラルと呼ばれるサバンナがある。排水の悪い粘土質の土壌には、チャパロ、ナンス、グアバ、ヒョウタンが生育する。ナンスとグアバはビタミンが豊富な果実を実らせ、ヒョウタンは器にされる（Lauer 1986）。

3．オルメカ文明が興った地域と周辺の環境

　すでに述べたように、オルメカ文明はメキシコ湾岸地方で最初に花開き、メソアメリカの各地方に影響を与えたとされるが、ここでは、最初にオルメカ文明が花開いたメキシコ湾岸の遺跡群周辺の環境を解説する。さらに、オルメカ文明が大きな影響を与えた2地域、すなわちメキシコ湾岸の北西に当たるメキシコ中央部からゲレロ州に至る地域と、南東にあるメソアメリカ南東部太平洋側について、その自然環境を遺跡と共に解説する（図5）。

メキシコ湾岸

　メキシコ湾岸ではオルメカ文明に属する遺跡は、川が集中した地域、河口近辺と山の麓にみられる。広大な沼沢地が広がるメキシコ湾岸には、オルメカ文明が興ったサン・ロレンソ遺跡、ラ・ベンタ

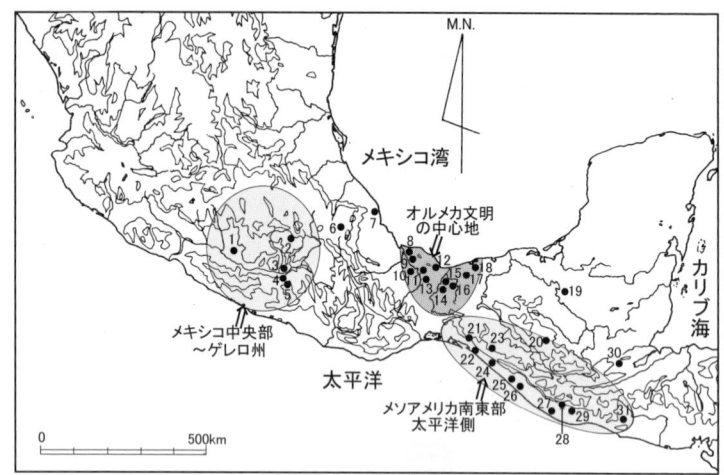

1.サン・ミゲル・アムコ、2.チャルカツィンゴ、3.テオパンティクアニトラン、4.チルパンシンゴ、5.フストラワカ、オストティトラン、6.イエルバ・ブエナ、7.ビエホン、8.コバタ、9.トレス・サポテス、10.クアウトトラパン、11.ラグナ・デ・ロス・セロス、12.サン・マルティン・パハパン、13.クルス・デ・ミラグロ、14.サン・ロレンソ、15.アントニオ・プラサ、16.アロヨ・ソンソ、17.ロス・ソルダドス、18.ラ・ベンタ、19.バランカン、20.ショック、21.ティルテペック、22.ツツクリ、23.パドレ・ピエドラ、24.ピヒヒアパン、25.ブエナ・ビスタ、26.オホ・デ・アグア、27.ラ・ブランカ、28.タカリク・アバフ、29.モンテ・アルト、30.サン・クリストバル、31.チャルチュアパ

図5　オルメカ文明の広がり

遺跡、トレス・サポテス遺跡などが位置している。この地域は標高100mまでに主要な遺跡があり、熱い地帯の熱帯雨林に相当する。

　サン・ロレンソ遺跡は南東にメキシコ湾に注ぐ大河コアツァコアルコス川が、北東にはチキト川が、北西にはタタガパ川が流れている。それ以外にも大小の沼が周辺に散在しており、サン・ロレンソ遺跡は、その沼沢地の中で若干盛り上がっている部分に立地している。

　ラ・ベンタ遺跡は、メキシコ湾から内陸へ十数キロ入ったところにあり、近くにはトナラ川が流れており、沼沢地の少し小高くなっ

た所に位置している。また、最近の調査では、ラ・ベンタ遺跡が栄えていた時期には、川の中の島状になった部分であったことが分かってきている。

トレス・サポテス遺跡は、ビヒア山の南西側にあり、パパロアパン川の支流であるサン・ホァン川の近くに位置している。

メキシコ湾岸のオルメカ文明が花開いたメキシコ湾岸の遺跡は川が多く沼沢地のやや高い所に位置している。

メキシコ中央部とゲレロ州

メキシコ中央部から太平洋岸に至る地域である。メキシコ中央部では平らに広がる地域にあり、ゲレロ州でも平らに広がる地域にみられる。標高は600〜2000mに位置し、テオパンティクアニトラン遺跡が熱い地帯になる以外は、温暖な地帯に属する。

チャルカツィンゴ遺跡はメキシコ中央部にある。デルガド山とチャルカツィンゴ山の間に位置している。その山を東に行くと、アマチナック川がある。この川はメスカラ川に南で合流する。また、テオパンティクアニトラン遺跡はそのメスカラ川の北岸に位置している。

チルパンシンゴ遺跡はシエラ・マドレ山脈の谷間にある平坦な部分に位置している。オストティトラン遺跡、フストラワカ遺跡があるゲレロ州は南シエラ・マドレ山脈が走っている。両遺跡はこの山脈の北側斜面に位置し、メスカラ川の南にある洞窟である。

すべての遺跡はメスカラ川の流域近くに位置し、メキシコ湾岸地域と同じ熱い地帯にあるテオパンティクアニトラン遺跡以外は温暖な地帯に位置している。山のふもとで、川の近くに立地している。

メソアメリカ南東部太平洋側

　高地から太平洋にかけての斜面では、高地から流れる川の畔に位置している遺跡が多い。ショック遺跡は温暖な地帯に属するが、ミラドール、パドレ・ピエドラなどの遺跡は熱い地帯に属する。チアパス高地からマヤ中部低地に下る斜面にあるショック遺跡はウスマシンタ川支流のチョプイル川近くの標高1000mのところに立地している。ミラドール遺跡は、チアパス高地から北へ流れグリハルバ川と合流するラ・ベンタ川の南岸の崖の上の標高約500mのところに位置している。パドレ・ピエドラ遺跡もグリハルバ川の支流の近くの標高約500mのところに立地している。このグリハルバ川はメキシコ湾に注いでいる。

　ティルテペック、ツツクリ、ピヒヒアパン、タカリク・アバフ、チャルチュアパ遺跡がある地域は、標高が800mまでのところにあり熱い地帯に相当する。ティルテペック遺跡はチアパス高地から太平洋岸に至る途中のやや平らになった部分に位置している。ピヒヒアパン遺跡はピヒヒアパン川沿いに、ツツクリ遺跡はサナテンコ川の南の畔にある。また、タカリク・アバフ遺跡はグァテマラ高地から流れるイシュチヤ川の東側にある。チャルチュアパ遺跡は、グァテマラ高地の続きである太平洋側斜面を上ったやや平らな部分のラ・パス川の近くに位置している。

　メキシコ湾岸と同じ熱い地帯に属するところが多いが、ショック遺跡は温暖な地帯に属している。川の流域に位置しているが、沼沢地が多いメキシコ湾岸と異なり、山中や平坦な所に位置している遺跡もある。

4. オルメカ文明の時期区分

　メキシコ湾岸で花開いたオルメカ文明の起源は未だ明らかになっていないが、初期の土器の様相にはメソアメリカ南東部太平洋側の地域との深い関係がみてとれる。ここでは、オルメカ文明の年代を概観するために、まずメキシコ湾岸のサン・ロレンソ、ラ・ベンタ、トレス・サポテス、エル・マナティの4遺跡の編年をみる。さらに、オルメカ文明の影響がみられるメキシコ中央部からゲレロ州にかけてのチャルカツィンゴ、テオパンティクアニトランの2遺跡、同じくメソアメリカ南東部太平洋側のタカリク・アバフとチャルチュアパの2遺跡の年代をみることとする。

メキシコ湾岸の遺跡

　オルメカ文明が興ったと考えられる地域はメキシコ湾岸である。時期が判明している遺跡から考えると、オルメカ文明は3時期に分けられる。サン・ロレンソ遺跡が栄えた前期は紀元前1200～900年、ラ・ベンタ遺跡が栄えた中期は紀元前900～500年、トレス・サポテス遺跡が引継ぐ後期は紀元前500～300年である。

　サン・ロレンソ遺跡の土器編年をみると、オホチ期（紀元前1500～1350年）からバヒオ期（紀元前1350～1250年）にかけての土器はチアパス州の太平洋側と同じような特徴をもっている。チチャラス期（紀元前1250～1150年）になると初めてオルメカ的な要素が現れてくる。サン・ロレンソ期（紀元前1150～900年）が最も栄えた時期になり、浮彫りされた土器もみられる。そして、ナカステ期（紀

元前900～700年）には衰退に向かったとされている（Coe and Diehl 1980)。

　ラ・ベンタ遺跡ではその始まりとされる時期は分かっていない。しかし、サン・ロレンソ遺跡が衰退した後の時期にはメキシコ湾岸地方で最も栄えた都市となっている。紀元前1400～1150年にラ・ベンタ遺跡の中心部まで居住域が川岸より広がり、紀元前1150～800年に建造物がいくつか並ぶ建築複合を持つ町に成長し、紀元前800～500年にはオルメカ文明の最初の都市を築くに至った。

　トレス・サポテス遺跡はラ・ベンタ遺跡と同時期とされている。しかし、オルメカ文明が衰退した後も栄えていた。トレス・サポテス遺跡は、サン・ロレンソ遺跡のオホチ-バヒオ期に似た特徴を持つ時期の後、空白期間があり、この時期の様相は定かでない。先古典期中期トレス・サポテス期（紀元前900～400年）には建造物がつくられた形跡がほとんどなく、土地造成を始めた形跡がランチト地区でみられるのみである。先古典期後期ウエヤパン期（紀元前400～紀元後100年）には、トレス・サポテス遺跡を中心に大きく発展する時期となる。先古典期終末期のネステペトル期（紀元後100～300年）にも建設活動が続き、そして古典期まで生き延びている（Pool ed. 2003)。

　エル・マナティ遺跡では、マナティA期（紀元前1600～1500年）から遺物がみられる。マナティB期（紀元前1500～1200年）には供物を捧げる儀礼が複雑になった。マカヤルA期（紀元前1200～1000年）には木彫も捧げられるようになった（Ortiz and Rodríguez 1994)。

メキシコ中央部からゲレロ州の遺跡

チャルカツィンゴ遺跡ではアマテ期（紀元前1250～1100年）に居住が始まる。バランカ期（紀元前1100～700年）には、テラスをつくるために自然の丘の造成が行われた。石の建物がつくられたが、建設をする際に方向を決める基線はなかった。この時期に石彫製作が始められた可能性がある。最盛期とされるカンテラ期（紀元前700～500年）には石碑も立てられ、建物の更新も行われた。また、カンテラ期以降はあまり活発な活動はみられないが、古典期後期までの遺物・遺構がある（Grove ed. 1987）。

ゲレロ州にあるオストティトラン、フストラワカなどの洞窟遺跡の詳しい年代は、壁画に関連する遺物が少なく、分かっていない。しかし、壁画に描かれている内容からオルメカ文明に属するとされる。一方、テオパンティクアニトラン遺跡は、発掘調査から建造物の建設時期などがわかっている。第1期（紀元前1400～900年）に土の建造物がつくられた。第2期（紀元前900～800年）には石で建物がつくられ、石彫が作成された。また、水路とダムがつくられた。第3期（紀元前800～600年）には、主に北に拡張され、建物がつくられた（Martínez 1985）。

メソアメリカ南東部太平洋側の遺跡

タカリク・アバフ遺跡では先古典期中期には土製建造物をつくっていたが、オルメカ様式の石彫の年代は不明である（Orrego C. 1990）。また、メソアメリカ南東端のチャルチュアパ遺跡では先古典期前期の遺物・遺構がある。先古典期前期から居住がみられ、先古典期中期にはエル・トラピチェ地区において土製建造物がつくら

れはじめ、先古典期後期にはカサ・ブランカ地区に中心が移り、土製建造物が建ちならんでいた。オルメカ文明の特徴をもつ大きな自然石に彫られた浮彫りがある。しかし、関連する遺物が不明なためにオルメカ文明の出現の状況はよく分かっていない（Sharer, ed. 1978）。

第2章　オルメカ文明に先行する文化

1．初期狩猟民の文化

北アメリカ大陸の氷河期

　氷河期の北アメリカ大陸は、ローレンタイド氷床とコルディエラ氷床で覆われた。ローレンタイド氷床は北アメリカ大陸の62％を覆い、その面積は1120万km²、現在の地球上の最大の氷床である南極氷床に匹敵する。

　北アメリカでは巨大な氷床の発達が、今までに4回あったと考えられている。古い順にネブラスカ氷期、カンザス氷期、イリノイ氷期、ウィスコンシン氷期と名づけられている。最後のウィスコンシン氷期は7〜1万年前までであるが、ローレンタイド氷床が拡大した時期を亜氷期とよび、7〜6万年前と2.5〜1万年前に相当する。そして、その間の比較的温暖な時期を亜間氷期としている。この時期には氷床が縮小後退したが、その実態は不明である。

　このローレンタイド氷床の他に、アラスカ山脈から、海岸山脈を経てロッキー山脈に連なるコルディエラ山系に拡大した氷床であるコルディエラ氷床がある。これは、山岳氷河が山麓氷河にまで成長してできた氷床であるが、ロッキー山脈の分水界を境として、太平洋側と内陸側に流下した。氷床はさらに山地を刻む谷に沿って平原地帯におし出し、山麓を隙間なく埋めた巨大な山麓氷河をつくって

いた。

　一方、この平原地帯のはるか東からは、ローレンタイド氷床がゆっくりと前進してきた。そして、その両者が最も拡大したときにはローレンタイド氷床とコルディエラ氷床が接合し、北アメリカ大陸を東西に遮断する"白いバリア"をつくりだしていた。これは、陸地となったベーリンジアを経て、ユーラシア大陸からアメリカ大陸にやってきたモンゴロイドたちの南下を阻む冷たい巨大な障害物であった。

人類の初期の痕跡

　3.5〜2.5万年前にはモンゴロイドの生活の跡がみつかっているとされる。2.5〜1.5万年前にはベーリンジアにモンゴロイドが生活していた痕跡がみつかっていない。モンゴロイドの南下を許す無氷回廊が2〜1.4万年前には消失していたが、1.4万年前には再びあらわれた。1.4万年前に、ベーリンジアの陸橋が消滅している。マンモスを初めとするベーリンジアの動物群は1万4千年から1万年の間にベーリンジアから消滅した。移動は1.5〜1.4万年前に第2の移動の波がベーリンジアにおしよせた。しかし、遺伝子などの研究によれば複数回の移動があってもおかしくないとされる。

　北米大陸で最初に人類の痕跡が残っているのは、クローヴィス文化である。炭素年代によるとクローヴィス尖頭器はウィスコンシン氷期の終わり頃、紀元前1万年を示している。クローヴィス尖頭器と共にマンモス、ウマ、ラクダ、バイソンなどの今日では絶滅している氷河期の大型動物の骨が出土している。マンモスやバイソンなどの大型草食獣が水場に来るときを狙って軟泥のなかに追い込み、

動きの鈍ったところで止めを刺したと考えられる。捕らえた獲物からスクレーパーやナイフで取れるだけのものをとり、後は捨てて新たに獲物を追いかけただろう。一方、肉を冷凍保存することも行われていたらしい。また、植物なども採集していたために、人間の生活も移動的であったとされる。

　紀元前8000～7000年になるとフォルサム型尖頭器が広まる。フォルサム文化では、居住の跡もみつかっている。バイソンの皮でつくったテントを張り、裾を骨や角の杭で地面に固定したようである。長い骨針で、皮革を縫い合わせてテントや服をつくったようである。床面には赤いオーカー（赭土）のしみがあった。この赤いオーカーはクローヴィス人の埋葬にも伴っている。このオーカーは重要視されていたようである。このフォルサム文化の後にはプラーノ尖頭器が位置づけられる（赤澤他編 1992）。

　メソアメリカでは、氷河期には7℃ほど現在の気温よりも低かった。ラウアーはそのことをメキシコ中央部の高原での変化を図を使って説明している（図6）。紀元前6500年から気候変動が観察され、7℃ぐらいの気温上昇があった。紀元前5000～3000年には、現在の気温より2℃ほど高かったとされる。豊富な降雨量と土壌の形成がみられる。この時期が終わるころには4℃ほど下がり、現在よりも2～3℃低くなった（Lauer 1986）。

メソアメリカの最古の文化

　メソアメリカにおける最古の人類の痕跡は、メキシコ中央部のテペスパン遺跡やサンタ・イサベル・イスタパン遺跡から出土している。ここでは出土したマンモスの肋骨の間に石槍用の尖頭器がみつ

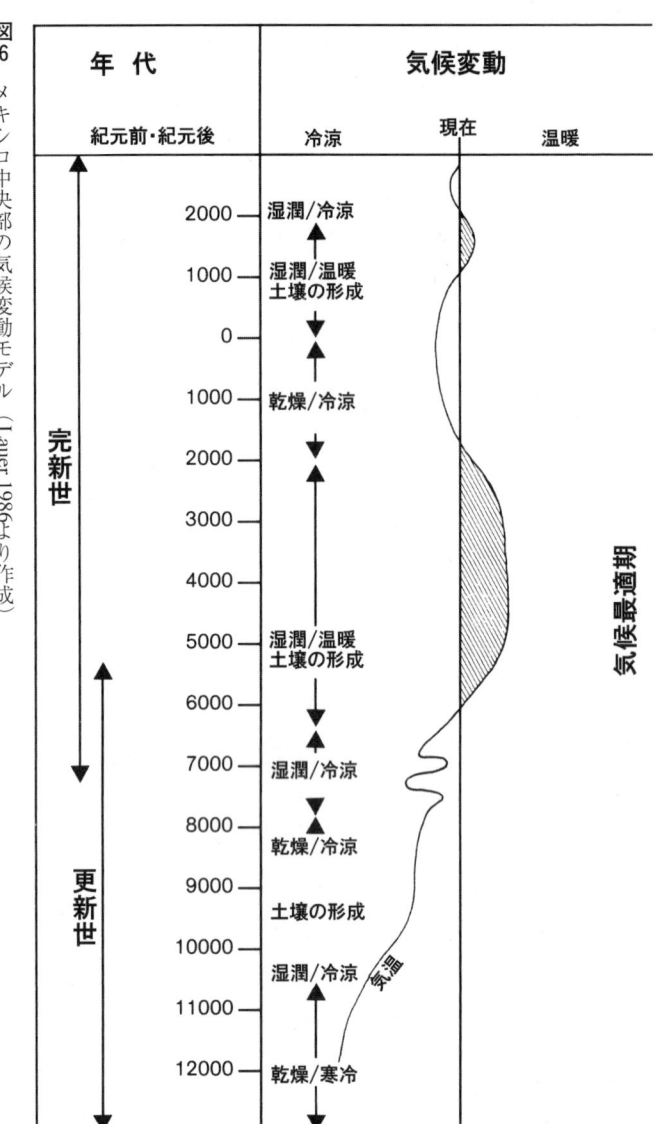

図6 メキシコ中央部の気候変動モデル（Lauer 1986より作成）

年代	気候変動		
紀元前・紀元後	冷涼	現在	温暖

完新世

- 2000　湿潤/冷涼
- 1000　湿潤/温暖　土壌の形成
- 0
- 1000　乾燥/冷涼
- 2000
- 3000
- 4000
- 5000　湿潤/温暖　土壌の形成
- 6000
- 7000　湿潤/冷涼
- 8000　乾燥/冷涼

更新世

- 9000　土壌の形成
- 10000
- 10500　湿潤/冷涼
- 11000
- 12000　乾燥/寒冷

気候最適期

植生	地形形成　——浸食　　　　　堆積　　○○○○　安定化	メソアメリカにおける経済基盤		
マツとモミ	堆積とガリ浸食	後古典期	↑漁撈↓　↑農耕↓　↑植物の栽培化↓	↑定住　↑土器　↑灌漑↓
マツとブナの混交林	安定化	古典期		
ブナとモミ	ガリ浸食	先古典期		
草本とマツ				
マツとモミ				
マツとブナ科植物の混交林	プエブラ盆地乾燥地帯の安定化　浸食と堆積	古期	↑狩猟↓	
マツとカバノキ科の植物		旧石器時代　後期	↑採集↓　↑大型動物の狩猟↓	
マツ科の植物、高地の草本				
マツ科の植物				
高地の草本		旧石器時代　前期		

かり、骨の下からスクレーパーなどの石器もみつかった。年代測定では紀元前7300年頃と出ており、北米のフォルサム型尖頭器と同じ年代である。尖頭器の形態はフォルサム型尖頭器の後のプラーノ型尖頭器に似ており、北米の極西地域のオールド・コルディエラ伝統もしくは西部山間伝統の木葉形尖頭器とも似ている。メソアメリカへの南下経路はなかなか複雑であるようである。

タマウリパス山地では、紀元前8000年からの文化が確認されている。レルマ期は両端が尖った月桂樹葉形の尖頭器もしくはレルマ尖頭器が代表的な遺物である。他の石器と共に動物の骨が出土しており、アカシカ、ビーバーが多く、ハクビシカが次に続いている。インフィエルニョ期では、植物の繊維で作ったマット、袋、バスケットなどが出土している。また、サボテン、マメ、ヒョウタン、トウガラシ、カボチャなども出土している。次のノガーレス期では、涙のしずく形のアバソロ尖頭器と二等辺三角形のノガーレス尖頭器を初めとして、磨石、石臼なども出現している。

テワカン盆地では、始まりの時期は明らかではないが氷河期から紀元前6500年までのアフエレアード期以降の文化が知られている。後氷期に入ってからは、ウサギ、ネズミ、カメなどの小動物の狩猟と野生植物が食料源となっている。石器はレルマ、アバソロ型などの尖頭器、スクレーパー、チョッパー、石刃などで、磨製石器はみられない。次のエル・リエゴ期では、凹底のエル・リエゴ型尖頭器が出てくる。この形は北米東部の有樋尖頭器に似ているが、メキシコ中央部での出現はおそい。

こうした有樋尖頭器はメソアメリカ南東部でもみつかっている。クローヴィス尖頭器を初めとする有樋尖頭器は北米大陸で急速に広

がっている。この流れのひとつとして、メソアメリカの有樋尖頭器は捉えられるかもしれない。一方、レルマ型尖頭器はタマウリパス山地からメキシコ盆地そして、テワカンでみられる木葉型尖頭器は、北米の極西地域でもみられるが、南米北部でも古くからみられる。メソアメリカの尖頭器とはどのような関係にあるのかは不明である。また、魚尾型尖頭器は南米に特徴的な尖頭器である。この尖頭器がクローヴィス尖頭器の流れを引くものなのか、メソアメリカ南東部から南米北部で生み出されたものかはよくわかっていない（赤澤他編 1993）。

2．古期から先古典期前期までの動植物利用

植物の栽培化

最初のメソアメリカ文明をつくったのはオルメカ人であるが、オルメカ文明の経済基盤となる有用植物は、オルメカ文明以前に栽培化されている（伊藤 2005）。

メソアメリカでは、旧大陸にない固有の栽培植物が多数みられる。古期に属するメキシコの洞穴遺跡は、タマウリパス州の洞穴、プエブラ州テワカン地域の5洞穴、オアハカ州ギラ・ナキス洞穴がある。植物遺存体が出土しており、野生植物から栽培化に至る過程が明らかにされた。これらの調査により、トウモロコシ、マメ、カボチャなどのメソアメリカにおける栽培植物発展史が研究されてきた。ここでは、古期から先古典期に至る時期の植物利用について述べ、最初に植物遺存体が出土している遺跡でどのような植物がみつかっているかをみたい。

タマウリパス地域では、季節的に利用されたとされる洞穴遺跡から植物遺存体が出土している。ディアブロ、ラ・ペラ、ノガーレスなどの洞穴があるタマウリパス山地とロメロ、ヴァレンゼラ、オホ・デ・アグア洞穴があるタマウリパス南西地区がある。古期から先古典期の植物遺存体が出土している。

　タマウリパス南西地区のインフィエルニヨ期（紀元前7000〜5000年）にはカボチャ、ヒョウタン、マメ、トウガラシ、オカンポ期（紀元前5000〜3000）にはカボチャ、ヒョウタン、フラコ期（紀元前2200〜1800年）にはカボチャ、ヒョウタン、トウモロコシ、アマラント、トウガラシ、ゲラ期（紀元前1800〜1400年）にはカボチャ、ヒョウタン、マメ、アマラント、トウモロコシ、メサ・デ・グアへ期（紀元前1400〜500年）にはマメ、カボチャ、ヒョウタン、アマラント、トウガラシ、ヒマワリが出土している。

　タマウリパス山地のラ・ペラ期（紀元前3000〜2200年）にはトウモロコシ、マメ、カボチャ、ラグーナ期（紀元前500〜 1 年）にはトウモロコシ、マメ、カボチャ、マニオクが出土している。

　テワカン峡谷にあるエル・リエゴ、サン・マルコス、コスカトラン、プロン、アベハスなどの洞穴遺跡から植物遺存体が出土している。アフレアード期（紀元前10000〜6800年）にはアボカド、メスキテ、チュパンディヤが出土している。エル・リエゴ期（紀元前6800〜5000年）では、アボカド、トウガラシ、ホコーテ、グアへ、メスキテ、ポチョテ、リュウゼツラン他が出土している。コスカトラン期（紀元前5000〜3500年）には、カボチャ、トウモロコシ、マメ、アメリカアブラヤシ、アボカド、ホコーテ、アマラント他が出土している。アベハス期（紀元前3500〜2300年）は、カボチャ、ト

ウモロコシ、マメ、アメリカアブラヤシ、アボカド、ホコーテ、アマラント他が出土している。プロン期（紀元前2300～1500年）には、トウモロコシ、アメリカアブラヤシ他が出土している。

ソアピルコ遺跡は、チャルコ湖岸のトラパコヤ遺跡近くに位置するが、プラヤ期（紀元前6000～4500年）の炉跡から、アマラント、ケアリタソウ、ホオズキ、野生米、テオシンテが出土している。ソアピルコ期（紀元前3000～2200年）にはアマラント、ホオズキ、トウガラシ、チャヨーテ、カボチャが出土している。

オアハカ盆地のギラ・ナキス遺跡は、ミトラ川より山側に入った崖部分にある洞穴遺跡で、ここから植物遺体が出土しており、アフレアード期（紀元前8750～6670年）に相当するとされる。ピニョン、カボチャ、マメ、アボカド、リュウゼツラン、ドングリ、エノキの実、グアへが出土している。

メソアメリカ南東部太平洋側のマサタン地域には、アキレス・セルダン遺跡とチロ遺跡がある。ナランホ川が太平洋に注ぐ河口周辺の沼沢地域にある。バラ-チェルラ期（紀元前1550～1000年）に相当する層から、トウモロコシ、マメが出土している。

以下、メソアメリカで出土している植物遺存体についてまとめておこう。まず、メソアメリカで重要な作物であるカボチャ、トウモロコシ、マメについて記し、次にそれ以外の有用植物について記す。そして最後に、古期から先古典期前期における植物遺存体の事例から、当時の植物利用を考えることとする。

カボチャ

タマウリパス南西部の洞穴遺跡で栽培化された過程がみられる。ペポカボチャ、ヒョウタンは紀元前4500～4000年頃に栽培化された。

ミクスタカボチャは紀元前4000〜3000年頃、モスタチャカボチャは紀元前1400〜400年頃に栽培種がみられる。また、ギラ・ナキス遺跡の資料よりペポカボチャが栽培化された年代は、紀元前7〜8000年にさかのぼる可能性がある。

トウモロコシ

テワカン地域で栽培化されたとされる。テワカンのコスカトラン洞穴では、メソアメリカで最も古いトウモロコシ（紀元前3500年）が出土している。しかし、後の時期と比べるとトウモロコシは小さく、実際に大きな人口を養えたのかどうかは疑問である。

マメ

テワカン地域でコスカトラン期にインゲンマメの栽培種が最初にみられる。また、マメが重要性を増すのは先古典後期とされる。

アボカド

アボカドもエル・リエゴ期より出土しており、栽培種とされる。

その他

栽培植物以外の有用植物についてみてみよう。イネ科エノコログサ属種子については、タマウリパス（オカンポ期）やテワカン（エル・リエゴ期）で主要な食料とされている。また、ロマ・トレモテ遺跡では、やはりイネ科の種子（野性米）が重要な役割を果たしていたとされる。テワカンでは、グアヘ（エル・リエゴ期）、ケアリタソウ（アフレアド期）も重要な植物とされる。ソアピルコ遺跡（プラヤ期）でも、ケアリタソウの種子が植物食の中心とされる。

ホオズキも重要な植物であった。アメリカアブラヤシは、その果肉が食べられていた。また、油の生産に重要であるとされ、酒の原材料として使われた可能性もある。ギラ・ナキス遺跡では、エノキ

の実は酒造用としての可能性も考えられている。

オルメカ文明より前に利用されていた植物は、栽培植物と野生植物がある（伊藤 2005）。

動物資源

動物については、哺乳類よりも鳥類がより家畜化された。これは、家畜化に適した哺乳類が北米に少ないことによる。メソアメリカでは家畜化は栄養面からではなく、宗教的な理由で行われたようである。一方、トリは骨が後世に残りにくいことにより、確実な開始の時期は不明である。また、ミツバチはロウとミツが利用されていたが、これについてもいつごろ始まったかは不明である。

イヌ

紀元前6000年にメソアメリカに現れたとされる。紀元前3500年にテコロテ洞窟やテワカンで骨が出土している。イヌは動物性たんぱくの供給源として貴重な存在であったが、そればかりでなく役畜、ペット、番犬、犠牲としても使われた。先古典期中期については、骨の事例はみられない。エル・ガヨ洞窟（モレロス州）では、紀元前1500年頃のイヌの成獣が埋葬の一部として出土している。メキシコ中央部の南東部に位置するテママトラ遺跡では、紀元前500年より前のイヌの骨が副葬品として出土している。これはすべて家畜であり、埋葬した人物への食糧とされる。また、紀元前後の集落であるテレモト-トラルテンコ遺跡では、ゴミ捨て場からイヌが出土したが、大半は飼育されたものであった。一方、先スペイン期には4種類のイヌがいた。ショロイツクイントレとよばれる無毛犬は、紀元前後頃にメキシコ西部に現れ、徐々にほかの地域に広がっていた

ようである。小型で短頭のマヤ犬とされるイヌ、トラルチチと呼ばれる短足のメキシコ西部のイヌ、そして、メキシコ中央部でオオカミとイヌを交雑させたオオカミ犬がある。

シチメンチョウ

　紀元前2000年頃にメキシコ中央部の森の中で家畜化されたようであるが、その家畜化された場所は今のところはよくわかっていない。肉と卵が利用された。確実な事例は紀元前2000年〜紀元前後頃にみられる。メキシコ盆地では先古典期には埋葬に関連して完全な骨格が残っており、副葬品として重要であったと考えている。先古典期の遺跡では食料用もしくは埋葬に関連して出土している。紀元後1500年頃にはテワカンまで広がっている（Valadez 2003）。

シカ

　シカが狩猟されていたことは確かである。しかし、捕らえたシカをある一定期間飼っていたことが考えられる。安定同位体分析によると先古典期後期に出土するシカの骨は人と犬と同じ値を示しており、同じような食物を食べていた可能性がある。このことはシカを半家畜化していたことを示しているとされる（Vaderwarker 2006）。しかし、オルメカ文明の時期にはシカが狩猟されていただけなのか、一定期間飼われていたのかは明らかになっていない。

魚介類

　メキシコ盆地では800〜2100km²が湖である。テスココ湖は水深が1〜3mの塩湖で、ショチミルコ湖とチャルコ湖は南に位置し淡水湖である。また、チナンパがみられる地域でもある。メキシコ盆地の北部にはスンパンゴ湖とハルトカン湖がある。

チャルコ湖の近くにあるソアピルコ遺跡では、プラヤ期（紀元前5500～3500年）に魚骨が出土しており、漁撈をしていた痕跡がみられる。また、ミズトリ、カメ、サンショウウオなども増加しており、湖の資源を有効に利用していたことが分かっている。ソアピルコ期も同様である（Niederberger 1976；Brockmann 2004）。

メソアメリカ南東部太平洋側にあるチャンチュート遺跡は太平洋岸の沼沢地に位置する。床の存在から、定住が行われていたことが推定できる。古期後期（紀元前3000～2000年）に大量の二枚貝が食べられており、魚と爬虫類にも頼っていた。その他に、エビの利用も考えられている。シカの骨も出土しており、内陸との関連もうかがえる。そして、農耕の可能性も考えられている（Voorhies 1976）。

第3章　オルメカ文明の興隆

1．巨大石彫の製作

　メソアメリカにおいて祭壇と石碑の建立はオルメカ文明が最初で、それがメキシコ南部、グァテマラに広がったとされており、1942年以降の調査によって、オルメカ文明の中心地であるラ・ベンタ、サン・ロレンソ、トレス・サポテスといった主要遺跡から石彫の存在が報告されている。

　これらの石彫は、オルメカ文明の中心地であり、先古典期前期から先古典期中期に位置づけられるサン・ロレンソ、ラ・ベンタ遺跡出土石彫を基準とすることができる。オルメカ美術には、より抽象的な表現ときわめて写実的な表現がみられる。オルメカの石彫は比較的大きな記念碑的石彫（巨石人頭像、祭壇等）と小石彫（線刻のある石斧、耳飾り等）があるが、大きさによって材質も異なる。記念碑的石彫はほとんどが玄武岩、安山岩などの火成岩で作られ、小石彫はヒスイ、蛇紋岩、緑石に限定される。

　オルメカ様式の石彫の分布についてみると、北限は、太平洋側ではテオパンティクアニトラン遺跡、メキシコ中央部ではチャルカツィンゴ遺跡、メキシコ湾側ではビエホン遺跡にある。また、南限は記念碑的な巨大石彫に限定してみると、チャルチュアパ遺跡までである。しかし、小石彫は持ち運びが容易なためか、さらに南のコス

タ・リカまで分布している。

記念碑的石彫

　ラ・ベンタ遺跡では68基、サン・ロレンソ遺跡では62基の石彫が出土している。また、この2遺跡以外にも多くの遺跡で石彫がみつかっている。メキシコ湾岸では、ビエホン、サン・マルティン・パハパン、エル・マルケシヨ、コバタ、トレス・サポテス、ラグナ・デ・ロス・セロス、クルス・デ・ミラグロ、クアウトトロアパン、エステロ・ラボン、アロヨ・ソンソ、サン・アントニオ、ラス・リマス、ロス・ソルダドス、バランカンの14遺跡で25基、メキシコ中央部とゲレロ州では、チャルカツィンゴ、テオパンティクアニトラン、サン・ミゲル・アムコの3遺跡から28基、メソアメリカ南東部太平洋側では、サン・クリストバル、ショック、パドレ・ピエドラ、ツツクリ、ティルテペック、ピヒヒアパン、オホ・デ・アグア、ブエナ・ビスタ、ラ・ブランカ、タカリク・アバフ、モンテ・アルト、チャルチュアパの12遺跡から28基である。合計すると31遺跡あり、211基を数える。

　これらの石彫は、丸彫り、浮彫り、線刻に分けられるが、多くが風化、破壊、浸食されているため彫刻部分の表面的な特徴しかわからないことが多く、製作過程を復元するのは困難である。

　浮彫り、丸彫りなどの石彫から地域的な特徴をみると、写実的な石彫はメキシコ湾岸のみに分布している。また、オルメカ文明の中心であるメキシコ湾岸から離れるほど、丸彫りが少なくなり、そして、写実的な浮彫りも少なくなる。線刻はメソアメリカ南東部太平洋側に限定できる。一方、オルメカ文明の石彫では、顔から下になるほど写実的でなくなる。しかし、サン・ロレンソ11号・47号記念

物のように手に何かを持っているとき、もしくは手に関心が向けられるときには、手首から上腕部に至る部分も写実的に表現されている（図7）。

　製作途中と思われる石彫がラ・ベンタ、サン・ロレンソの両遺跡で出土している。ラ・ベンタ57号記念物には、平板状の緻密で滑らかな石に部分的に彫られた部分が残っている（図7）。この石彫には頭部がないが、首の部分は若干残存している。また、腕はブロック状で角を丸くし、腕と胴部の分離のために右肩から右手首の内側に彫り込みがある。一方、右腕下の鋭い溝状の彫り込みは腕の部分まで延び、整形の痕跡と思われる。右腕後部をみると不規則な割れ跡は、腕に沿ってあり腕を整形するためと考えられる。左肩下の三角形状彫り込みは腕、正面下部の台形状の彫り込みは左右の足を整形するためと考えられる。さらに、右足部分の右側面には最下部の真ん中辺りから上に向かって三角形状に彫り込まれており、曲げた足を表現する。サン・ロレンソ26号記念物の正面をみると、足首から先はほぼブロック状で未完成である（図7）。手に持つナックル・ダスターから最下部には長方形状溝があり、その周辺はブロック状で、臀部は整形されていない。

　この石彫2基に共通する特徴は、上半身は下半身と較べると製作過程の最終段階に近い可能性がある。これが製作段階の特徴とすると、上半身から下半身へと石彫を製作したと考えられる。たとえば、写実的に細かな分まで彫られた石彫ならば、まずブロック状にし、その後に丸くされ写実的に整形された。つまり、ブロック状の石塊から写実的石彫を整形した可能性がある。

　石彫製作の諸過程を復元するには、石材、その供給地、運送方法、

サン・ロレンソ47号記念物    サン・ロレンソ11号記念物

ラ・ベンタ57号記念物    サン・ロレンソ26号記念物

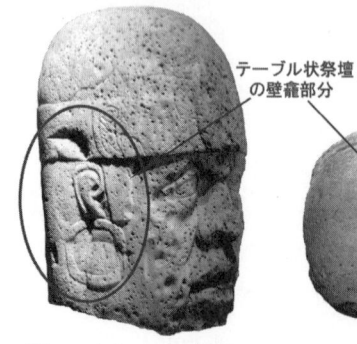

テーブル状祭壇
の壁龕部分

サン・ロレンソ2号記念物   サン・ロレンソ53号記念物

図7　細部に注意を払う石彫と製作途中の石彫

製作場所、製作道具の同定が必要である。石材のひとつである玄武岩の供給地についてはセロ・ビヒア、セロ・シンテペックなどの産地が判明しているが、その運送方法は不明である。サン・ロレンソ、ラ・ベンタなどのメキシコ湾岸の主要遺跡は沼沢地にあり、川に近い場所に立地しているため、イカダなどを川に浮かべて重い石を運搬した可能性がある。製作場所については、ほとんど分かっていない。

製作道具は石彫の石材より硬い石斧等が考えられる。トレス・サポテス遺跡の近くの石材供給地に近いヤノ・デ・ヒカラ遺跡では、製作途中の石彫が出土しているとされ、オルメカ様式の石彫がつくられた工房跡と推定されている（Gillespie 1996）。また、サン・ロレンソ遺跡には製作途中の石彫を持ってきて、それを仕上げているとされる。ヤノ・デ・ヒカラ遺跡の未製品から推測して、ラグナ・デ・ロス・セロス遺跡で途中まで製作し、最後は目的地で仕上げの作業をしたと考えられている（Cyphers 1994）。

一方、オルメカ文明にみられる石彫の破壊は、石彫の再利用に関連するとも考えられる。

グローブは、オルメカ様式の石彫にみられる破壊痕について、3つの仮説を示している（Grove 1981）。

　①破壊は、特別な儀礼的周期の開始と終了を示す。

　②支配者、王朝の交替時に一連の石彫破壊が行なわれた。

　③支配者の死に伴い、支配者と関係のある石彫が破壊され埋められた。

石彫の破壊に関するこの3つの仮説を石彫に残された痕跡から考えてみたい。石彫の再利用について示された仮説によれば、巨石人頭像はテーブル状祭壇を作り直したものとされる（Porter 1989）。

たとえば、サン・ロレンソ2号記念物をみると、右耳近くにテーブル状祭壇の壁龕部分が残っているのである（図7、図14）。では、何故、玉座であるテーブル状祭壇から巨石人頭像をつくりだす必要があったのだろうか。

巨石人頭像の用途についてはさまざまな説があるが、現在のところ何のためにつくられたかわかっていない。しかし、玉座であるテーブル状祭壇からつくられたことを考えると、これらは王権とかかわりのある石彫だと思われる。また、巨石人頭像はラ・ベンタ遺跡では都市の入り口と考えられる位置にあったとされ、サン・ロレンソ遺跡では台地の端もしくは谷に落ちた状態で出土していることが多い。このことを考えると、玉座を使っていた支配者が死んだ後に、集落もしくは都市を護るために玉座から巨石人頭をつくり、共同体の境界に置き、共同体を鎮守するために置かれたともいえよう。また、これらの石彫は逝去した支配者の頭を模してつくられたものとも考えることもできる。

これらの石彫にみられる特徴は、余分な装飾の拒否、三次元的・動的な表現（人物の姿勢）、大人（人間）、ジャガーとされるが、いずれも多様な形をしている。小石彫（小石像、石斧、マスク、装身具）と赤鉄鉱製鏡などを別とすると、岩石の浮彫り、巨石人頭像、石像、祭壇、石碑、石棺、箱状石彫、その他の8種類に分類できる。このうちで、石像には、人物を表現しているものがある。人物の姿勢から、座位、立位、四つん這い、人物もしくは動物に伸し掛かられている石像、そして人物石像破片にわかれる。また、動物を丸彫りした石像もある。その他には、円盤状石彫、円柱状石彫もある。

オルメカ文明の石彫を共通要素に基づいて分類・編年したクレウ

ロウによれば、巨石人頭像、座像、祭壇は、ラグナ・デ・ロス・セロス、サン・ロレンソ、ラ・ベンタ遺跡の順に古く、これらの複雑な大型石彫は単純な小型石彫より新しく、浮彫りは時とともに複雑さを増していくという。同じくミルブラスは、石彫の全体の造形、細部の調整、姿勢、均整を基礎に分類し、出土層位、土器の文様との比較などより石彫を編年している。3群に分類され、年代が下がる程写実的でなくなり角張る。最後の時期には南起源の要素がオルメカ文明の中心地に出現するとしている。これらの研究では様式が年代決定の基準とされており、発掘資料に基づいているものではないため、これらの仮説は今後実証的に検証する必要がある（伊藤 2007）。

さまざまな形の石彫

巨石人頭像、座像や立像の人物石像、動物を形象した石像、岩山などに施された浮彫り、石碑、テーブル状祭壇、円盤状石彫、円柱状石彫などさまざまな形状の石彫とその特徴について考えてみたい。

巨石人頭像

メキシコ湾岸とメソアメリカ南東部太平洋側に限られ、6遺跡から24基がみつかっている（図8）。これらは人物像の一部ではなく、頭だけが作られたものである。これらの巨石人頭像は、頭飾りが球戯用ヘルメットに似ていることもあり、球戯者や支配者の肖像であるとする説もある。

モンテ・アルト遺跡の巨石人頭像4基、トナラ地域の1基とラ・ベンタ78号記念物は禿頭である。また、後頭部は平坦で彫刻部分がほとんどなく、後頭部には関心がなかったようである。テーブル状祭壇をつくりなおした巨石人頭像もあり、もとの石の形に制約され

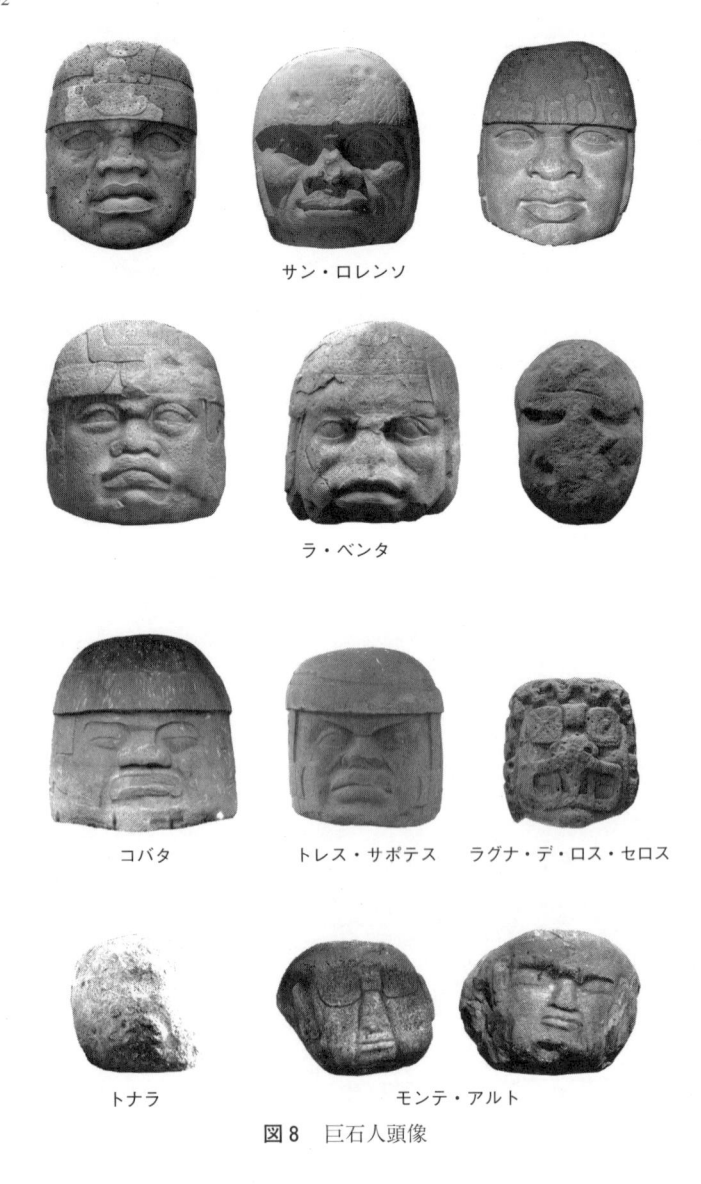

サン・ロレンソ

ラ・ベンタ

コバタ　　　　　トレス・サポテス　　ラグナ・デ・ロス・セロス

トナラ　　　　　　モンテ・アルト

図8　巨石人頭像

てつくられていることもある。中には、前の石彫の一部を残していることもある（図7）。

　メソアメリカ南東部太平洋側では、トナラ地域やモンテ・アルト遺跡でメキシコ湾岸と比較すると小さな人頭像が出土している。メキシコ湾岸でもラ・ベンタ遺跡では小さなものがあり、ヘルメット状頭飾りはみられなく、禿頭のような表現がある。テワンテペック地峡をはさんでの交流があったと考えられる。

人物の座像

　メキシコ湾岸、メキシコ中央部、そして、メソアメリカ南東部太平洋側に分布する。13遺跡で58基あるが、大半は胡座を組んでいる（図9）。ラ・ベンタ8号記念物のみは左足であるが、それ以外は右足を前にしている。サン・ロレンソ遺跡の3基、ラ・ベンタ遺跡の3基は両足を前に出し膝を曲げて座る。サン・ロレンソ34号記念物は左足を立て右足を後に曲げている。伝ラ・ベンタ遺跡出土石彫の左足は立てられ右足を前で胡坐を組む。サン・マルティン・パハパン遺跡出土石彫は右足を立てて座っている。ロマ・デ・サポテ1号記念物、ラ・ベンタ30号記念物、サン・アントニオ遺跡出土石彫の右足は胡坐を組み左足は後方に曲げている。ロマ・デ・サポテ8、9号記念物、ラ・ベンタ11、74号記念物は逆の姿勢である。ラ・ベンタ5号記念物、ロス・ソルダドス遺跡出土石彫、アロヨ・ソンソ遺跡出土石彫、チャルチュアパ遺跡出土座像は正座をしている。ラ・ベンタ40号記念物では椅子に座っている。胡坐を組む座像はメキシコ湾岸、正座はメキシコ湾岸、メソアメリカ南東部太平洋側に限られる。他の座り方はメキシコ湾岸に限られ、ラ・ベンタ遺跡ではほぼ総ての座り方がある。

胡坐　　　　　　　　　　　　　　　　　正座

両足を後ろに曲げる　　　　片足を後ろに曲げる

片足を立膝にする　　　　　　　　　　足を投げ出す

図9　座像

第3章 オルメカ文明の興隆 55

立像　　　　　　四つん這いの石像　　　ラ・ベンタ56号記念物

のしかかられている人物像

図10 立像など

　これら人物の座像はどのような人びとを表現しているのだろうか。着飾った人物、ジャガー人間などを表現していることを考えると、支配者もしくは信仰の対象であるジャガーと結び付いた神話上の人物であるかもしれない。

人物の立像

　メキシコ湾岸、メソアメリカ南東部太平洋側に限られる（図10）、4遺跡で4基みられる。ラ・ベンタ75号記念物とオホ・デ・アグア遺跡出土石彫はブロック状につくられており、前に持っている板状

装身具等が共通である。また、四つん這いの人物石像は、ラ・ベンタ59号記念物のみで、ジャガー人間である。人物、動物に伸し掛かられている人物を表現する石像は、メキシコ湾岸の2遺跡で4基ある。いずれも、上・下の人物もしくは動物の首は破壊され、他の部分も破壊されていることが多い。伸し掛かられている石像はメキシコ湾岸に限られるが、この主題はメキシコ中央部の浮彫りにもみられ、人身犠牲を表現していると考えられる。

人物石像破片は、メキシコ湾岸、メキシコ中央部、ゲレロ州太平洋側斜面でみられる。9遺跡20基で、頭部の破片が多い。そのなかで、ラ・ベンタ56号記念物は、首の後で手を組んで上を向いているが下半身は表現されずに柱状にされている。この形状に類似するのはトレス・サポテスF、G記念物の一端に上半身部分を彫った石柱状石彫である。ラ・ベンタ34号記念物は円筒状物を持つ右手の一部であるが、サン・マルティン・パハパン遺跡出土石彫、ロマ・デ・サポテ8、9号記念物と同じ主題の石彫がラ・ベンタ遺跡に存在する可能性を示し、製粉具であるマノ（磨石）との関係が深い。このことは、トウモロコシとの関連を示しているのかもしれない。

動物石像

メキシコ湾岸に限られ、3遺跡で18基ある（図11）。サン・ロレンソ遺跡の2基とラグナ・デ・ロス・セロス13号記念物はトリを表現している。このラグナ・デ・ロス・セロス13号記念物に表現される翼はラ・ベンタ1号祭壇の側面に類似している。サン・ロレンソ43号記念物は昆虫の脚を、ロマ・デ・サポテ4号記念物はヘビを、ラ・ベンタ20号記念物は水棲哺乳類を表現する。それ以外の12基はジャガーを表現している。

ジャガー

昆虫の脚部

鳥　　　　　　　　水棲哺乳類

図11　動物像

岩石に施された浮彫り・線刻

　動かすことがほとんど不可能な岩石にみられる浮彫りもしくは線刻は、メキシコ中央部とメソアメリカ南東部太平洋側に分布するが、技法や主題は異なる。5遺跡で20基ある（図12）。地表面に露頭として存在している岩石、岩山の一部になっている岩石、もしくは土中に埋没している大きな岩石などで、移動させるのが困難な岩石に彫られている。チャルカツィンゴ遺跡の浮彫りのうち9つは山の一部となる岩石にみられるが、4つは崩落した岩にみられる。ピヒヒアパン、ショック両遺跡の浮彫りは何れも大きな岩石の露頭にみられる。また、タカリク・アバフ1号・6号記念物、チャルチュアパ12号記念物は大きな自然石に浮彫りされている。

移動が難しい岩石に施された浮彫りと線刻

図12　自然石の浮彫り

　浮彫りされた岩石は、サン・ロレンソ112号記念物以外にはメキシコ湾岸の主要遺跡にみられない。この浮彫りされた岩石は、岩石の豊富な場所にしかない。トレス・サポテス、ラグナ・デ・ロス・セロス遺跡に近い石材の供給地であるセロ・シンテペック、セロ・ビヒアのある山地に、浮彫りされた岩石がある可能性は考えられる。ないのは発見されないのか、他に理由があるのかは不明である。しかし、石彫をつくりだす石のある神聖な山とオルメカ人らが考えているとするならば、その場所に石彫をつくることを遠慮したのかもしれない。また、チャルカツィンゴ遺跡では岩山は身近な存在であったが、メキシコ湾岸では沖積地であることもあり、岩山はさらに地理的にも精神的にも神聖な存在であったかもしれない。

浮彫りや線刻が施された石碑

　メキシコ西部を除くメソアメリカ地域に分布し、12遺跡で33基ある（図13）。石碑の形は四角形の石板状、石柱状になるものがあり、一端が平坦にされた面を持っており、浮彫りや線刻が施されている。人物、ジャガーなどが表現される。しかし、文字が表現されるもの

第3章 オルメカ文明の興隆 59

物語的石碑(ラ・ベンタ遺跡)

単純な主題の石碑(サン・ロレンソ遺跡)

怪物の口の中にいる人物の
石碑(ティルテペック遺跡)

図13 石碑

はほとんどない。唯一、ラ・ベンタ13号記念物には文字らしき文様が浮彫りされている。また、単純な主題が多いが、物語的な表現がみれる石碑もある。

テーブル状祭壇

分布範囲はメキシコ湾岸、メキシコ中央部に限られる。浮彫りが施されたテーブル状祭壇は、5遺跡で13基ある(図14)。チャルカツィンゴ22号記念物はメキシコ湾岸のテーブル状祭壇と異なり10以

ラ・ベンタ4号祭壇

ラ・ベンタ5号祭壇

ロマ・デル・サポテ2号記念物　　　チャルカツィンゴ22号記念物

図14　祭壇

上の切り石で作られている。

箱状石彫

　メキシコ湾岸のみにみられ、2遺跡で2基ある（図15）。上部に人物の一部など、石彫の痕跡がある。上部の石彫が同定できれば人物石像である可能性もある。

円盤状石彫

　これもメキシコ湾岸のみにみられ、2遺跡で4基ある。

第3章　オルメカ文明の興隆　*61*

凸形石彫
(テオパンティクアニトラン遺跡)

円板形状石彫
(ラ・ベンタ遺跡)

箱状石彫
(ラグナ・デ・ロス・セロス遺跡)

円柱状石彫
(サン・ロレンソ遺跡)

図15　その他の石彫

浮彫りが施された円柱状石彫

　サン・ロレンソ遺跡のみで2基ある。オアハカに類似した石彫があるが、オルメカ文明と同時期なのかは不明である。

　上記以外の浮彫りが施された石彫は、6遺跡で14基ある。ラ・ベンタ6号記念物は石棺で、外面に怪物らしき浮彫りが施される。ラ・ベンタ1号祭壇は長方体の各面に浮彫りされている。同7号祭壇は不定形の石の各部分に浮彫りされている。同15号記念物は後部の把手状突起を除けば石碑と分類できる。同57号記念物は部分的に彫ら

れているだけだが座像の可能性がある。サン・ロレンソ107号記念物は丸彫りのジャガーと小石碑を組み合わせたような形をしている。メソアメリカ南東部太平洋側にみられる片面浮彫り石彫を3次元的にしたような形をしている。同104号記念物は方形板状の石彫で、怪物の顔を表現している。チャルカツィンゴ9号記念物は真ん中に大きな口が開いている。テオパンティクアニトラン石彫4基は凸形をしており、ジャガーを表現しているとされる。浮彫りの破片はメキシコ湾岸、メキシコ中央部に限られる。

石彫の形状からみた地域間の交流

　メキシコ湾岸にはほぼ総ての形が存在している。浮彫りが施された岩石は唯一、メキシコ湾岸でみられない。巨大な岩石の浮彫りはメキシコ中央部とメソアメリカ南東部太平洋側に存在する。巨石人頭像と人物立像の類似からメキシコ湾岸とメソアメリカ南東部太平洋側、また動物石像、テーブル状祭壇などの状況からメキシコ湾岸とメキシコ中央部との関連がそれぞれうかがえる。また、ラ・ベンタ遺跡の建築複合Aの玄武岩の石柱からつくられた墓室も考慮に入れると、ラ・ベンタ遺跡で出土した石棺は、竪穴式石室を表現しているとも考えられる。チャルカツィンゴ遺跡とツツクリ遺跡では竪穴式石室が存在しており、関連があるかもしれない。

　オルメカ文明の石彫で特に注目される特徴についてみると、この文明にみられる石彫は、1遺跡のみの特徴が多すぎて地域的な特徴を抽出することは難しい。一方、石彫にみられる個別の要素をみると同じ特徴がある。たとえば、テオパンティクアニトラン遺跡の4基の凸形石彫とツツクリ1号記念物のジャガーの顔を比較すると、

頭上の突起、口の形に類似がみられる。また、ラ・ベンタ1号祭壇の頭部のV字型裂け目はテオパンティクアニトラン遺跡出土石彫4基、また、頭部の突起と眉の形はツックリ遺跡でみられる。したがって、メキシコ中央部とメソアメリカ南東部太平洋側はメキシコ湾岸とも関係があるとみられ、相互に何らかの関連性が考えられる。

メキシコ湾岸では写実的な石彫が存在し、1個の岩からつくり出したテーブル状祭壇、石棺、子供を抱いた座像、さまざまな姿勢の座像が存在する。しかし、メキシコ湾岸ではメキシコ中央部、メソアメリカ南東部太平洋側とは異なり大きな岩山、石の露頭が石彫の対象となっていない。メキシコ中央部、ゲレロ州では石彫が石の建築物の一部となっている。また、身体的特徴でも部分によって分布地域が異なるため一概に地域的な特徴を論ずることはできない。しかし、メキシコ湾岸ではある程度の強い統一性がみられ、メキシコ中央部、ゲレロ州では同じ特徴が多く存在する。メソアメリカ南東部太平洋側での統一性はやや弱く、むしろメキシコ湾岸南部のラ・ベンタ遺跡との共通性を持つことが多い。

一方、石碑をみると、2人以上の人びとの主題はメキシコ湾岸とメソアメリカ南東部太平洋側に、ジャガーや怪物と人の主題はメキシコ湾岸とメキシコ中央部にある。石彫からみると、メキシコ湾岸からメキシコ中央部そしてゲレロ州への関係、そして、メキシコ湾岸からメソアメリカ南東部太平洋側に至る関係は相対的なものである。オルメカ文明においては各集落で石彫の主題に関する解釈が異なっているようである。

結局、各地域において大きな枠組みもしくは基準があり、表現は各遺跡の解釈に委ねられていたと考えられる。したがって、緩やか

な紐帯しかオルメカ文明の各遺跡間では観察できない。一方、その遺跡間の距離が減少するほど、相互の関連性は強まっているようである。しかし、ある1要素のみを比較してみるときわめて広範囲にわたって分布していることもある。この事実は広範囲の統一性があったことを暗示している。

メキシコ湾岸を中心にみると、それ以外のメソアメリカ各地方の遺跡では散発的にメキシコ湾岸との特徴の類似がみられる。つまり、オルメカ文明の影響がみられる集落では、それぞれで取捨選択を行なっているのである。オルメカ文明では、厳格な統一性はなく、近くの遺跡との共通性はあるが独自の石彫が多い。すなわち、地域的な交流があるにしてもそれは遺跡対遺跡、一地点対一地点であって地域対地域の交流ではない。

そのように考えると、強い統制力を持った統一国家があったとはいえない。たとえば、ツツクリ遺跡とラ・ベンタ遺跡では祭祀用基壇の前に石彫が置かれているが、前者ではジャガーとヘビの石彫が置かれているのに対して、後者では総てジャガーの石彫が置かれている。一方、立つ人物の浮彫りの石碑が両遺跡にあるが、前者では3・4号記念物が竪穴式石室隅に大きな石をはさんで建てられ、後者では13号記念物が祭祀用基壇の端に立てられている。つまり、両者とも共通点はあるが完全に同一ではないのである。

次に、石彫と遺構もしくは建造物との関連をみてみよう。ジャガーが浮彫りされたサン・ロレンソ21号記念物は、ラ・ベンタ13記念物と同様に供献物が埋められたピットの真上に立てられるが、その主題は異なる。一方、メキシコ中央部のチャルカツィンゴ遺跡では竪穴式石室が存在するが石彫頭部（17号記念物）が副葬されるのみ

第3章　オルメカ文明の興隆　65

で、埋葬の近くにある22号記念物の形はテーブル状祭壇であり建築物の一部となっている。同27号記念物は動物を背負う人物が浮彫りされた石碑であるが、石造建造物に接し立っている。また、テオパンティクアニトラン遺跡では完全に石造建造物の一部となる石彫頭部やその可能性の高い石彫4基がある。各遺跡では個性を表面化させて独自性を出している。一方、広い地域で身体的特徴等や精神文化の要素の類似がみられ、各遺跡は孤立してない。

　結局、各遺跡は互いに独立し、ある程度の連絡を保っていることになる。この遺跡間の交流が経済的なものか、軍事的なものなのかは論じられない。ほぼ同一の特徴を持つ石彫がラ・ベンタ遺跡（44号記念物）とサン・マルティン・パハパン遺跡にみられ、そしてラ・ベンタ遺跡（80号記念物）とロス・ソルダドス遺跡にもみられることもある。さらに、石材の少ないメキシコ湾岸には石彫の特徴の統一性が強くみられ、石材が比較的多いと思われるメキシコ中央部、ゲレロ州、メソアメリカ南東部太平洋側のオルメカ様式の石彫がみられる遺跡ではあまり強い統一性はみられない。こうした石彫に対する類似はなぜ起こるのかを考えると、経済的な要因からもオルメカの石彫の類似を説明できる。さらに、経済的な交流を通じて精神文化の要素も拡散していった可能性も考えられる。

2．土製建造物と石造建造物

メソアメリカの土製建造物

　メソアメリカでは土製建造物は先古典期前期から後古典期までつくられ続けた。地域はメキシコ湾岸地域とメソアメリカ南東部太平

洋側地域が圧倒的に多いが、オアハカ、メキシコ中央部でもみられる。オアハカ、メキシコ中央部では先古典期前期〜中期に限ってつくられる。一方、メキシコ湾岸とメソアメリカ南東部では土製建造物がつくられ続ける。

これらの土製建造物は、最初築き固めた土製建造物が多かったが、時代が下るとアドベ・ブロックを使った建造物が出現する。また、メソアメリカより北の地域の土製建造物と比較すると、類似点はある。南北アメリカ大陸の土製建造物を概観すると、オルメカ文明と同時期である北米のポバーティ・ポイント遺跡では半円弧形の築き固めた土製建造物がみられる。しかし、南米の土製建造物とは建築材や建築方法が異なっている。

土製建造物の建造は先古典期前期に、メソアメリカ南東部太平洋側において始まる（Blake and Feddema 1991）。この建造物は大型住居というほうがいいかもしれないが、神殿などの初期形態の可能性もある（図16）。オアハカやメキシコ中央部では石造建造物が出現すると、その後は土製建造物がつくられなくなる。しかし、メソアメリカ南東部太平洋側では先古典期前期に土製建造物がつくられ、その後も土製建造物はつくられ続けた。この地域で、土製建造物ではなく石造建造物が主流になるのは古典期後期からである。メソアメリカ南東端のエル・サルバドルでもアドベ・ブロックなどの土製建造物が古典期後期までみられる。一方、ワステカ地域を含むメキシコ湾岸地域では土製建造物が、先古典期前期から後古典期まであった。メキシコ湾岸とメソアメリカ南東部太平洋側では同様の状況である。

第3章 オルメカ文明の興隆 67

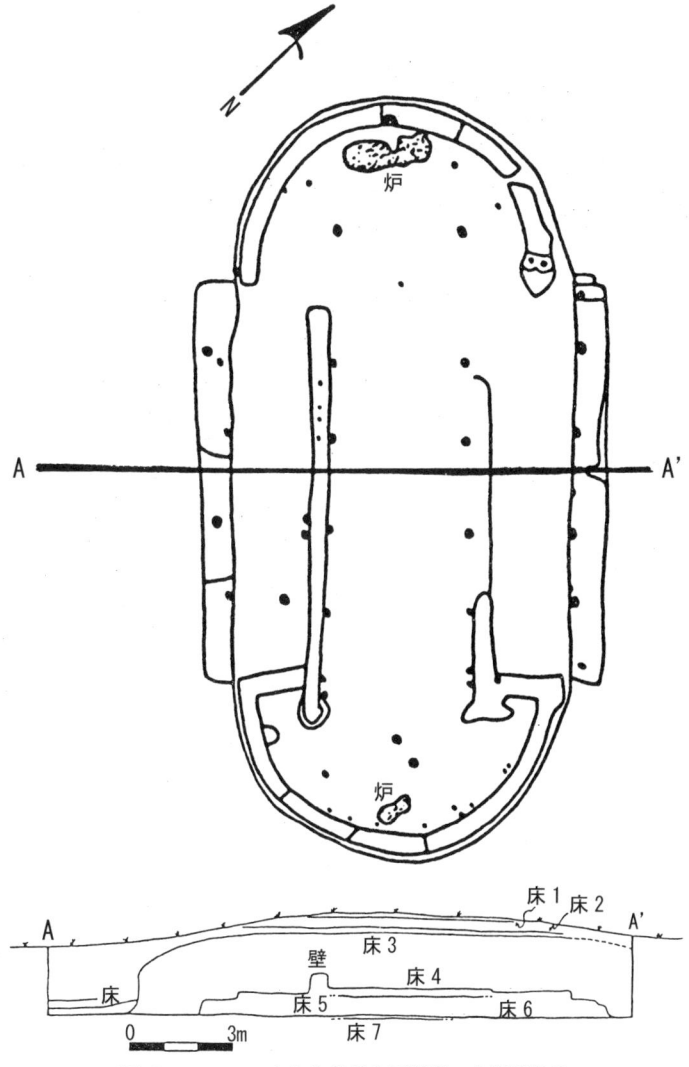

図16 メソアメリカ南東部太平洋側の土製建造物
（Blake y Feddema 1991より作成）

土製建造物の形状と建築材

　建造物の平面形は大半が方形である。先古典期前期の建造物は少なく、メソアメリカ南東部太平洋側にみられるのみであるが、この時期の土製建造物は楕円形基壇であった。土製建造物が構成する球戯場もメソアメリカ南東部太平洋側では報告されており、先古典期中期には階段状方形基壇もみられる。また、タカリク・アバフ遺跡などでは土の球戯場があったとされる。カミナルフユ遺跡では、階段状方形基壇もあるが、低い基壇もみられる。エル・サルバドルでは低い方形基壇と階段状方形基壇があった。一方、メキシコ湾岸北部に位置するワステカ地域のエル・エバノ遺跡では円形の建造物であった。ワステカ地域では伝統的に円形の建造物が多いが、メキシコ中央部などでは少ない。メキシコ中央部ではクィクィルコ遺跡の円形建造物が知られている。

　建築材としては若干石、砂が混じる場合があるが、粘土、土、粘質土、砂質粘土が主である。仕上げもほとんどが粘土などを材料とした泥漆喰であるが、オアハカ地方のサン・ホセ・モゴーテ遺跡では漆喰が使われている。先古典期前期より、土製建造物の仕上げについては泥漆喰が使われており、数層になる事例もある。補修、儀礼等の理由が考えられるが、定期的もしくは必要に応じて塗り重ねられたと考えられる。草や松葉などが混ぜられた泥漆喰もあった。オルメカ文明の中心であるラ・ベンタ遺跡では良質の石ブロックが土の上に並んでいた。これは石造建造物といえるかもしれないが、土製建造物の仕上げとして石ブロックを貼り付けたとも考えられる。

　上に乗っていた建造物はほとんど残っていないが、土壁や柱穴の

痕跡が残っている例もある。このため、土壁などの朽ちやすい材質でつくられていた可能性がある。また、建造物の基線はメキシコ湾岸のラ・ベンタ遺跡、オアハカのサン・ホセ・モゴーテ遺跡では同じであり、西偏8°である。

オルメカ文明の土製建造物と石造建造物

サン・ロレンソ遺跡では低い土製基壇が多いが、ラ・ベンタ遺跡では規模の大きい土製建造物をつくっている。メキシコ湾岸のオルメカ文明に関連する遺跡では建造物は総てが土製である。ゲレロ州にあるテオパンティクアニトラン遺跡では、確認される最初の建造物が土製である。

オルメカ文明における石造建造物についてみると、先に述べたテオパンティクアニトラン遺跡では、当初、土製建造物であったが、土製建造物を覆って、石造建造物をつくっている。また、メキシコ中央部のチャルカツィンゴ遺跡やメソアメリカ南東部太平洋側のツックリ遺跡では川原石を使っている。メキシコ湾岸以外のオルメカ文明の影響がみられる地域では、最初は土製建造物がつくられるようであるが、その後、石造建造物に変化するようである。

3. 植物利用と農耕

オルメカ文明の遺物には、栽培化された植物に関連した図像がみられる。たとえば、メキシコ中央高原のチャルカツィンゴ遺跡においては、チャルカツィンゴ山に多くの浮彫りがみられる。そのなかに、カボチャの茎と葉を表現したものがある。また、雨雲から雨粒

が落ちている下に植物があり、その下にジャガーの口で表現された洞窟から何らかの力を表す渦巻が噴出している（図17）。これは、豊穣を祈る浮彫りとされている。一方、トウモロコシと解釈できる表現はさまざまなオルメカ文明の遺跡でみられる。しかし、このオルメカ文明が栄えた先古典期中期の農耕については具体的な姿は判明していない。また、先スペイン期の耕地に関する調査は散発的にみられるが、時期が確定している事例は少ない。さらに、先古典期

雲と雨粒　　　　　　　　　有用植物
　　　　　　　　　　　　（カボチャとトウモロコシ）

図17　チャルカツィンゴ遺跡における有用植物の図像
　　　　（Grove ed. 1987より作成）

とされる耕地も検証が必要である。

　コウは、サン・ロレンソ遺跡が"河の賜"であるという観点より周辺環境との関わりを論じている。考古学的資料と民族学的資料より、チチャラス期にトウモロコシ農耕により平等社会からより階層化社会になったとしている（Coe 1981）。しかし、オルメカ期の農耕についてはほとんどわかっていない。

オルメカの栽培植物

　メソアメリカにおける植物遺存体については、洞窟遺跡や乾燥地帯の遺跡などから出土しているが、オルメカ文化の主要遺跡であるサン・ロレンソ遺跡やラ・ベンタ遺跡では植物遺存体はほとんど出土していない。花粉分析などにより、環境を復元する研究はされているが、栽培植物に関する分析は少ない。そこで、オルメカ文明での栽培植物を考えるために、メソアメリカ全域で出土している先古典期の植物遺存体についてまとめておこう。

　最も多く出土するのはトウモロコシであり、二番目に多く出土しているのはアボカドである。また、マメも多く出土している。インゲンマメが最も多く、テパリービーンとベニバナインゲンも出土している。カボチャも出土例が多く、そのなかではペポカボチャが最も多い。

　これら以外で重要な有用植物としては、アメリカアブラヤシ、リュウゼツラン、ケアリタソウ、ホコーテ、トウガラシの順に多くみられる。また、ヒョウタン、グアヘ、マメイ、黒サポーテ、白サポーテ、コサウイコ、ホオズキも比較的多く出土している。さらに、マヤ中部低地のバートン・ラミ遺跡でカカオらしい種子が出土して

いる（伊藤 2005）。

　先古典期には、栽培化された植物（トウモロコシ、マメ、カボチャなど）が大きな比重を占めつつあった。しかし、先古典期以前に重要な役割を担っていた、ケアリタソウ、アマラントなどの採集される野生植物も、依然として出土している。先古典期に、採集と農耕は共存していたのである。

　オルメカ文明に属するラ・ベンタ遺跡は、トナラ川がメキシコ湾に注ぐ地域にあり、沖積堤防上にある。この遺跡の土製基壇が立ち並ぶ中心地域から外れた地点で採集された土壌資料から植物遺存体がみつかっている。バリ期（紀元前2250〜1750年）の包含層から、炭化したトウモロコシが（Rust & Leyden 1994）、オルメカ期（紀元前1000年頃）には、トウモロコシ、マメ、ヤシノミが出土している（Raab et al. 2000）。これらのことから考えると、オルメカ文明では栽培植物が知られており、実際に利用されていたが、野生植物も採集していたということになる。

オルメカの農耕

　メソアメリカ全域で全時期の農耕に関する遺構からオルメカ文明における農耕を考えてみたい。

　ベルナルは、オルメカ文明はメキシコ西部とユカタン半島を除いたメソアメリカに広がり、高地（灌漑システム）と低地（水路、堤）に分かれると考えた。また、従来、焼畑による農耕が、マヤ地方で営まれていたと考えられてきた。しかし、近年の調査の進展から、畝状遺構、水路などが先スペイン期にあったことが分かってきており、焼畑以外の農法も考えられている。また、休耕期の短い農法を

取っていたことを想定するなど、より集約性の高い焼畑も検討されている。とはいえ、遺構として確認されているものはなく、民族資料から想定されるだけである（伊藤 2010）。ここでは考古学的な資料が残っている先スペイン期の遺構からオルメカ文明の農耕を考えることとする。

古代メソアメリカの耕地全般についてみると、階段状の構築物が残っている階段状畑、水路などが残っている浮島状の畑であるチナンパ、畝状遺構、溝状部分が確認される排水用もしくは灌漑用水路、堤状もしくは壁状遺構が残るダム、たて穴状遺構が確認される井戸、大きくくぼんだ部分に水を貯める貯水池がメソアメリカでは確認されている（図18、図19）。

メソアメリカの各地方ごとにみると、メキシコ中央部においては、さまざまな形態の耕地がある。メキシコ湾岸では水路がみつかっている。オアハカではダム、水路などが報告されている。マヤでは水路、畝状遺構、貯水池などがみられる。メキシコ西部の耕地については、全く分かっていない。以下、形態に従って農耕に関する遺構をみていこう。

階段状畑の遺構

石などで階段状に作られたテラスが各地に確認される。メキシコ中央部においては、サカテンコ、ティコマン、アコルワ遺跡などにおいて階段状畑がみられ、メキシコ湾岸においても、古典期とされる階段状畑があるとされる。マヤ中・北部、リオ・ベック、プウク地域などでは、古典期後期とされる薄い土壌層を浸食から守る階段状畑がみられる。堤状施設で泥を集めて使っていたとしている。マヤ中部低地のナクベ遺跡で検出された階段状畑は、先古典期中期に

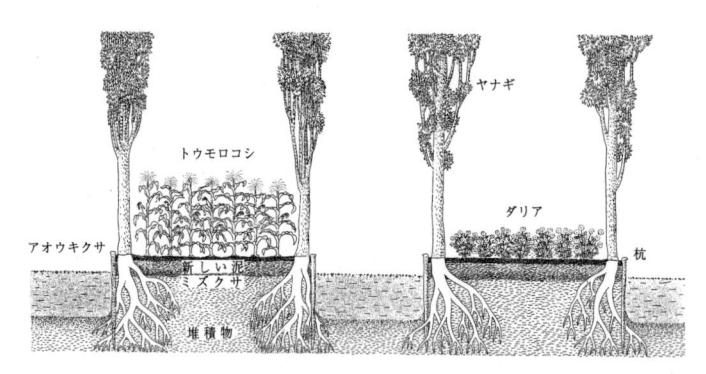

1. チナンパ

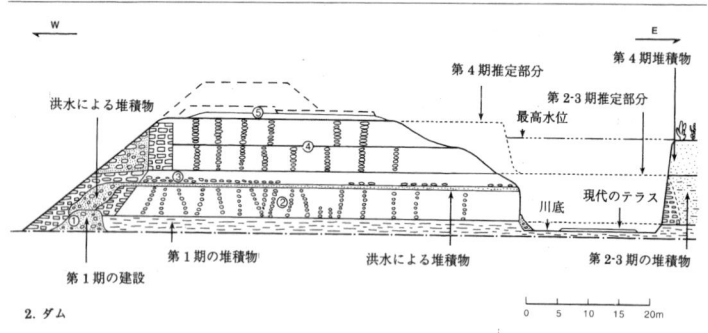

2. ダム

図18 先スペイン期の農耕1（伊藤 2010より作成）

さかのぼる可能性がある。メソアメリカ南東部太平洋側のチアパス高地には階段状畑があった可能性もある。

チナンパ

　チナンパとは浅い湖や沼沢地で木杭で囲った部分に草類を敷き、泥を積み上げて造成した耕地のことである。メキシコ中央部やマヤ中部低地の沼沢地、もしくは湖岸や湖中には、排水用の水路の遺構を持つ遺跡でチナンパが営まれていた可能性がある。その起源は先古典期後期もしくは中期にまでさかのぼる可能性がある。

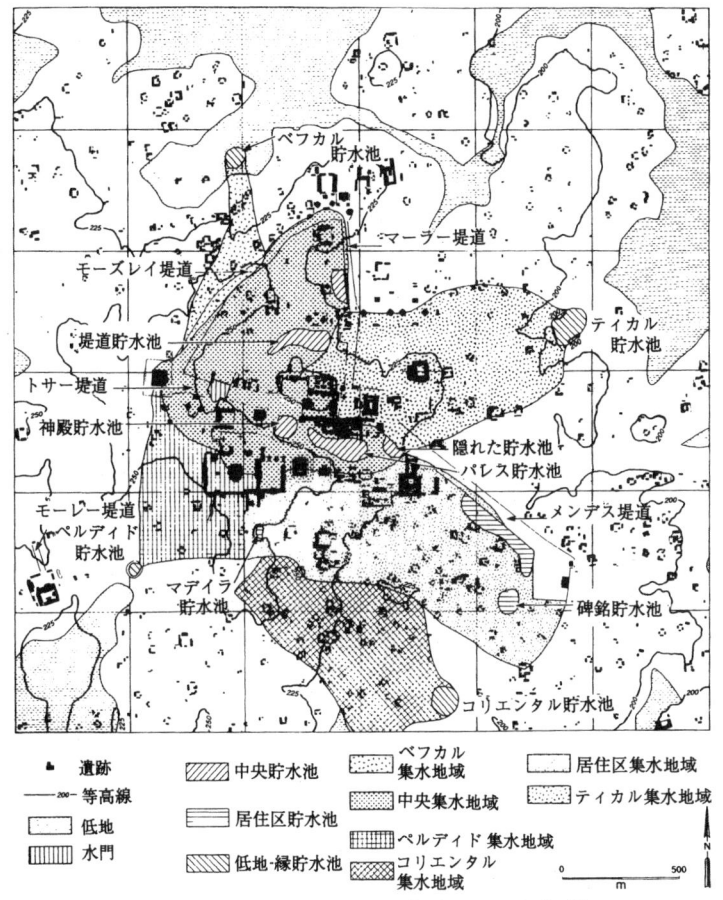

図19 先スペイン期の農耕2（伊藤 2010より作成）

畦状遺構

　畦状の高まりが確認される遺構は、メキシコ中央部、メキシコ湾岸とメソアメリカ南東部太平洋側のエル・サルバドルにもみられる。メキシコ中央部の火山灰に埋もれたテティンパ遺跡(先古典期後期)

は、比較的広域にわたって住居と耕地が検出された集落であるが、ここでは畝状遺構が広範囲に確認されている。メソアメリカ南東部太平洋側では4遺跡でみつかっている。アンティグア・クスカトラン遺跡では先古典期中期にさかのぼる畝状遺構が出土している。ここではトウモロコシの植物遺存体が出土している。また、古典期前期のイロパンゴ火山灰に覆われた耕地がセロン・グランデ遺跡で報告されており、オルメカ様式の石彫が出土しているチャルチュアパ遺跡でも畝状遺構が検出されている。ホヤ・デ・セレン遺跡はラグーナ・カルデラ火山の火山灰で埋もれた古典期後期の畝状遺構がみつかった集落遺跡である。

溝状遺構

水路と考えられる大小の溝状遺構がメキシコ中央部、オアハカ、メキシコ湾岸、マヤで確認されている。しかし、マヤ中部低地やメキシコ湾岸で確認される水路はチナンパの可能性がある。メキシコ中央部では、灌漑水路が検出されており、その出現は古典期前期とされるが、先古典期前期までさかのぼる可能性がある。サンタ・クララ・ハロストック遺跡では近くにある遺跡から出土する遺物から、テオティワカン遺跡と並行する時期とされる。

オアハカでは、テクカン盆地のプロン地区と同様にシュシュコトラン地区の灌漑用水路はダムからのびているとされる。モンテ・アルバン遺跡周辺、クイカトラン遺跡周辺などでも水路がみつかっている。メキシコ湾岸では、沼沢地において水路を持つ耕地を、その痕跡から分析しているが、水路の方向から古典期前期もしくは先古典期後期にさかのぼるとされている。マヤ中部低地にある沼沢地帯、カンデラリア地域の水路は先古典期前期もしくは後期にさかのぼる

可能性がある。また、セロス遺跡などでは堰きとめられた水路からの水を使った農耕が想定されている。メソアメリカ南東部太平洋側のカミナルフユ遺跡では、規模の大きい水路がみつかっている。

ダム

ダムとしては、河川などに残る堤状遺構や壁状遺構が確認されている。テクカン盆地やオアハカ地方については、先古典期にさかのぼる大規模なダムがあったとされる。また、メソアメリカの他地域でもダムが報告されている。マヤ中部低地では、コパン遺跡やベリーズの遺跡において容量20〜300㎥のダムがあるが、農耕用というよりも多くは家庭用水と考えられている。また、階段状畑に付随して小規模なダムがあり、土壌の流出を防ぐためとされる。テオパンティクアニトラン遺跡でもダムがみつかっているが、灌漑用水路というよりはむしろ上水道か儀礼用の可能性が高い。

井戸

井戸と思われるたて穴状遺構が検出されている。オアハカでは井戸からとった水で農耕をしていた可能性を示している。みつかった土器片から先古典期前期のものと思われる。

貯水池

メキシコ中央部では、水路に流す水を貯める池がアマルカン遺跡で報告されている。マヤ中部低地、ラ・ミルパ、キナル、ティカル遺跡などでもみられる。雨水を一箇所に集め、貯蔵する池であるが、その貯めた水を供給する方法は分かっていない。タマリンディト遺跡では、ダムにより水を貯め貯水池としている。このなかでは、アマルカン遺跡が先古典期とされるのみで、それ以外は時期が判明していないか古典期以降である。

農耕に関連するとおもわれる遺構については、個々にさまざまな報告がみられるが、これら遺構での発掘調査は少ない。具体的な層位や関連する遺構遺物に関する情報がほとんどないため、年代など曖昧な点が多い。一方、メキシコ中央部のテティンパ遺跡やメソアメリカ南東部太平洋側のアンティグア・クスカトラン遺跡では、先古典期中～後期とされる火山灰に埋もれた畝状遺構もしくは畑が検出されている。また、部分的に集落と耕地との関係が分かっている。

以上にみてきたように、オルメカ文明と同時代である先古典期中期にさかのぼる集約的農耕に関しては、階段状畑、チナンパ、畝状遺構、水路、ダム、井戸が存在していた可能性がある。しかし、この中で確実に確認できるのは畝状遺構のみである。ただし、沼沢地を土木技術により改変し、畑をつくっていた可能性は考えられる。

4．文　字

メソアメリカ文明において、文字の歴史は先古典期に始まる（図20）。メソアメリカにおける最も古い日は、先古典期中期に相当するオアハカのサン・ホセ・モゴーテ遺跡出土3号石碑の1の地震の日である。しかし、文字は必ずしも真実を示しておらず、政治的なプロパガンダとして使われた。征服地を示すのみでなく、その領土、貢物を規定している。また、支配者の血統、即位、後継者の誕生を示す事例もある。神話と歴史は必ずしも区別していない（Marcus & Flannery 1996）。

メソアメリカの文字は、サポテカ文字とマヤ文字が最も古いとされ、先古典期に出現した。先古典期中期に柱状に並ぶ文字や260日

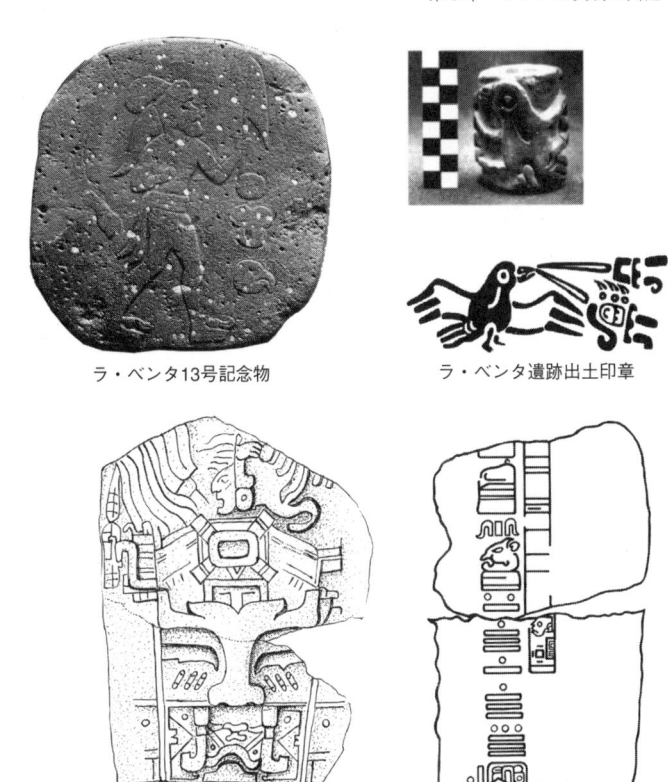

ラ・ベンタ13号記念物　　　　ラ・ベンタ遺跡出土印章

トレス・サポテス石碑C

図20　オルメカの文字（Covarrubias 1957、Marcus 1992、Pohl, et al. 2002より作成）

暦と365日暦の組合せが出現しているが、これらの資料は暦以外の文字資料は解読できていないため、オルメカ文明の歴史を語る史料として役立てることは難しい。

オルメカ文明が花開く先古典期中期のメキシコ湾岸をみると、サン・ロレンソ遺跡では文字がまったくみられないが、ラ・ベンタ13

号記念物には文字が彫られている。また、C14年代測定で年代が決定されたのみだが、先古典期中期とされる印章に彫られた文字がラ・ベンタ遺跡サン・アンドレス地区で出土しており、湾岸地域の文字の起源がさかのぼる可能性がある (Pohl et al. 2002)。しかし、長期暦による日付がなく、西暦に換算することはできない。

この文字はサポテカ文字に相当するのか、それともマヤ文字に続く文字であるのかも不明である。また、時代はやや下るが、オルメカ文明の継承者であるメキシコ湾岸のトレス・サポテス遺跡では、C石碑に先古典期後期の日付が刻まれている。

古い日付のある資料、他の文字付資料などから、先古典期における文字の歴史を検討してみたい。これまでの研究から、長期暦は紀元前3114年8月13日に始まったとされるが、石碑に彫られる日付は7バクトゥン（紀元前354〜紀元後41年）からである。そこで以下に、7バクトゥンの日付のある石碑をみていきたい。判読不能の部分があるタカリク・アバフ3号石碑については可能性のある日付を3通り示すことにする (Orrego 1990他)。

チアパ・デ・コルソ2号石碑
 =7.16.3.2.13   =紀元前36年

トレス・サポテスC石碑
 =7.16.6.16.18   =紀元前31年

エル・バウル1号石碑
 =7.19.15.7.12   =紀元36年

タカリク・アバフ3号石碑
 =7.16.0.0.0〜7.16.19.17.19 =紀元前38〜18年
 =7.11.0.0.0〜7.11.19.17.19 =紀元前136〜117年

＝7.6.0.0.0〜7.6.19.17.19　　　＝紀元前235〜215年

　これらの日付からみるとラ・ベンタ遺跡が放棄される紀元前400年より前に記録された日付がない。オルメカ文明で最初に栄えたサン・ロレンソ遺跡では文字らしきものもないし、サン・ロレンソ遺跡の次にオルメカ文明の中心地となったラ・ベンタ遺跡から出土した円筒形印章には、文字らしいものが描かれているが今のところは文字とは言い難い。そして、ラ・ベンタ遺跡が放棄された後にオルメカ文明の最後の中心地となったトレス・サポテス遺跡で確実な文字の資料がみられる。

　このようにみていくと、オルメカ文明において、文字は比較的おそく出現したと考えられる。しかし、オルメカ期には正確な測量技術を持ち、計画的な都市もしくは集落がつくられていることから考えれば、暦はサン・ロレンソ遺跡、あるいはラ・ベンタ遺跡ですでに存在していた可能性はある。そして、その暦を記録するために文字が使用されていたかもしれない。

5．政治組織

玉座としてのテーブル状祭壇

　オルメカ文明に属する遺跡を発掘調査したドラッカーは、オルメカ文明の中心地の資料を再検討し、その政治的構造と組織を論じているが、各大遺跡については、多数の村落を持つ集権化された原始国家が想定され、交易は相互交換、親族関係に基づいていたとしている。コウと共にオルメカ文明の重要な遺跡サン・ロレンソ遺跡を発掘したディールは、サン・ロレンソ遺跡とラ・ベンタ遺跡の建築

を比較し、建築の相違は2つの社会・経済・政治的存在の暗示であるとしている。また、スーステルはメキシコ湾岸ではラ・ベンタ遺跡が優勢だが、トレス・サポテス、サン・ロレンソ遺跡などと連合を成していたと考えた。さらに、オルメカでは帝国が存在していたと考えた研究者もいた（伊藤2007）。

オルメカの政治に関係する遺物は玉座もしくはテーブル状祭壇である。ここでは、玉座と考えられるテーブル状祭壇からオルメカ文明における王権について考えることとしたい（図14）。

オストティトラン洞窟の壁画から、テーブル状祭壇の機能を検討しよう（図21）。洞窟の壁画にみられる支配者が座るジャガーと、ラ・ベンタ4号祭壇テーブル部に浅浮彫りされたジャガーとの類似性、壁画に描かれたジャガーと支配者の3次元的表現などから、テーブル状祭壇がオルメカ文明においては玉座として機能していたことが明らかにされている（Grove 1973）。テーブル状祭壇は、オルメカ文明における支配権の正統性を示す装置として機能していると考えられる。

オルメカ文明においては巨石人頭像などによって指導者の個人的権力を強調していることから、これらは先祖崇拝に使われていたといえる。一方、オルメカの支配者は権力の座である祭壇を通して、排他的な超自然力への接触をしていたとされる（Gillespie 1999）。

大半のテーブル状祭壇には壁龕がある。そして、壁龕の中に人物が浮彫りされている。また、テーブル状祭壇に設けられた壁龕は、オストティトラン洞窟の例からみても、洞窟と密接な関係があると思われる。一方、メソアメリカ南東部太平洋側には、テーブル状祭壇はない。しかし、テーブル状祭壇の壁龕部分に相当すると考えら

第 3 章　オルメカ文明の興隆　83

オストティトラン遺跡の壁画

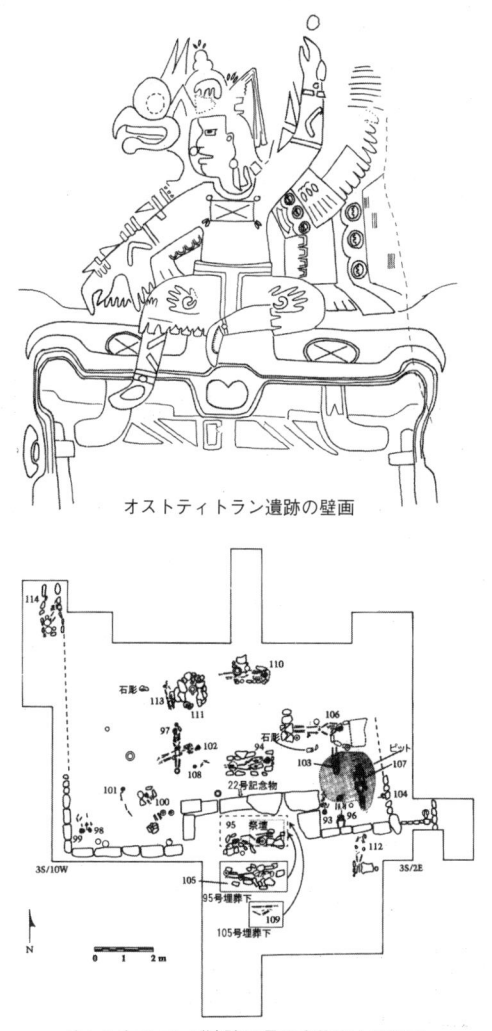

チャルカツィンゴ遺跡22号記念物出土状況図

図21　オストティトラン遺跡の壁画とチャルカツィンゴ遺跡の組み合わせ
式テーブル状祭壇（Grove 1970、Grove, ed. 1987より作成）

れる、口の中に人物が表現される怪物頭部石彫が出土している。この種の石彫はメキシコ湾岸とメキシコ中央部でも出土しており、怪物の口と洞窟との関連がみられる。

これらのことから考えると、テーブル状祭壇は権力の象徴とされ、超自然な力もしくは祖先崇拝に関係した信仰を実践する場としても機能していたといえる。そして、そうした信仰はテーブル状祭壇につくられた壁龕部分からも明らかなように、洞窟信仰と深くかかわっていたことが考えられる。

テーブル状祭壇形石彫

メソアメリカにおける玉座もしくはテーブル状祭壇は、1例を除き、メキシコ湾岸地域に限られる（図14）。ラグナ・デ・ロス・セロス、サン・ロレンソ（ロマ・デ・サポテ、エステロ・ラボンを含む）、ラ・ベンタ、エル・マルケシヨ遺跡で出土しており、これらのテーブル状祭壇は1つの石からつくりだされる。他の1例はメキシコ中央部チャルカツィンゴで出土したもので、数個のブロック状石で構成される、組合せ式のテーブル状祭壇である（図21）。メソアメリカ全域でみると、メキシコ湾岸とメキシコ中央部で7遺跡13基が出土している。

チャルカツィンゴ22号記念物は、中庭で建造物の一部として検出された（図21）。ラ・ベンタ2-5号祭壇は建造物の基部より出土している。同6号祭壇は、セロ・エンカンタド地区の小マウンド近くより出土した。サン・ロレンソ14、20号記念物は谷もしくは沼近くより出土している。ラグナ・デ・ロス・セロス遺跡では、5号記念物は38号マウンドの北、中心軸上より出土し、同28号記念物は、遺跡中心部分より出土している。ロマ・デ・サポテ2号記念物は、ロ

マ・デル・サポテ地区の丘の頂上部分より出土した。エル・マルケショ遺跡では、サン・フアン川が増水した時に出土した。

ラ・ベンタ遺跡では、マウンドもしくは建造物の基部より出土している。また、ラグナ・デ・ロス・セロス遺跡では建造物群の軸もしくは中心部分から出土している。ロマ・デル・サポテ地区では丘の頂上から出土している。これらのテーブル状祭壇は遺跡における重要な位置にあった可能性が高い。チャルカツィンゴ遺跡では建造物の一部となっており、テーブル状祭壇の重要性がうかがえる。一方、サン・ロレンソ遺跡では、谷もしくは沼の近くより出土している。エル・マルケショ遺跡では、川の近くより出土している。これらのテーブル状祭壇は、水に近い地点よりも出土している。水との関連が強いといえる。

テーブル状祭壇は上部と下部に分けられる。上がテーブル部、下が台部である。テーブル部は、下よりも大きな面積を占める上の部分である。台部は、テーブル部を支える下の部分である。テーブル部上面の周りより高い盛上り部分は、人が座るための座として使われた可能性がある。台部は重厚な直方体で、上のテーブル部を支えている。下部にやや張り出す部分を持つ台部もある。全ての台部正面には、装飾が施される。

台部正面では、中央部分にくぼみ部分（壁龕）をつくる例が最も多く、9例ある。また、2例には、正面部分に浮彫りがみられる。壁龕には、正面形が方形と円形となるものがある。全ての壁龕内には、人物1人が高浮彫りされる。

正面の装飾をみると、3例で壁龕やその中の人物と関連した浮き彫りがみられる。台部側面の装飾は4例ある。しかし、多くの祭壇

で側面が破壊され、浮彫り部分が残っていないことも考えられる。2例では両側面に、他の2例は1側面にある。各側面には、人物が1人もしくは2人浮彫りされる（図14）。

テーブル部には、ほとんど装飾がみられない。しかし、ラ・ベンタ4号祭壇にはジャガーの顔が浮彫りされ、台部には壁龕などが彫られる。また、2例では2重方形が連続して、浅浮彫りされる。このうち、ロマ・デ・サポテ2号記念物では、テーブル部を2人の小人が両手で支えるように高浮彫りされる。

チャルカツィンゴ遺跡では、正面部分に眉と目が浅浮彫りされる。ロマ・デ・サポテ遺跡では、正面にテーブル部を両腕で支えている2人の太った小人が高浮彫りされる。その他は、壁龕が彫られている。

壁龕はテーブル状祭壇の大半にみられ（図14）、全ての壁龕のなかに1人の人物が座っており、1つの例外をのぞいていずれも胡座を組んでいる。8例のうち、3例では膝の上に手を置いている。他の3例では何かを抱きあげる姿が表現される。ラ・ベンタ5号祭壇では子供を抱えている。また、他の2例でも破壊や浸食などにより詳細は判断し難いが、子供の可能性が高い。残りの2例では、綱のようなものを右手で、右足首を左手で掴んでいる。一方、ラグナ・デ・ロス・セロス5号記念物では、胡座ではなく、立膝で両手をその間に垂らし座っており、他と比較すると異質な印象がある。他の石彫などと比較すると、この姿勢は人よりは座るジャガーに似ており、ジャガーと王権との関わりがうかがえる。

正面では、その他に、渦巻や植物が壁龕の周りを巡るように浮彫りされる。サン・ロレンソ14号記念物、ラ・ベンタ4号祭壇では、

綱が台部最下端で壁龕の人物から角まで続き、台部側面の人物の左手首に繋がる。最下端にある綱以外に壁龕部分を縁取るように綱状の浮彫りが施され、その4箇所から花らしき物が出ている。同5号祭壇では、壁龕部分を縁取るように、渦巻が帯状に浮彫りされる。同3号祭壇では、壁龕の方を向いて立つ人物が浮彫りされる。

また、側面には人物が1人もしくは2人表現される。1側面の場合と両側面の場合がある。このうちで、2例は各側面に1人の人物が壁龕の人物に向かって座る。ラ・ベンタ5号祭壇は、両側にそれぞれ2人の人物が壁龕に向かって座っている。各人物はそれぞれが異なる頭飾りをし、凹面鏡を胸につけて、頭蓋変工を受けた子供を抱いている。子供たちのうち、1人は頭頂が二股に割れているが、こうした表現はジャガー人間によくみられる（図14）。一方、同3号祭壇では、髯を蓄えた人物ともう1人の人物が向い合って座る光景が浮彫りされる。また、この祭壇では壁龕横に、壁龕を向く1人の人物が浮彫りされる。

テーブル状祭壇と関連すると考えられる石彫についてみてみよう。

テーブル状もしくは板状部分を持つ石彫がある。ラ・ベンタ遺跡の石彫3基では板状部分がみられる。59号記念物は板状部分を頭部と尻部で支える四つん這いのジャガーである（図10）。同4号祭壇はテーブル部がジャガーを表現し、側面がジャガーの顔になっている。

テーブル状祭壇では、ジャガーはテーブル部でもあり、テーブルを支える役目もある可能性が考えられる。チャルカツィンゴ遺跡では、台部に眉と目が表現されており、テーブル部を頭で支える怪物

もしくはジャガーを表現している。ラ・ベンタ40号記念物は、テーブル状祭壇とそれに乗る人物の丸彫りである。この人物は、テーブル部の上に乗り、両手をテーブル部に置き、足を前に投げ出している。この石彫は頭部を欠いており、人物の特質を特定できない。しかし、テーブル状祭壇を利用するに際しては、オストティトラン遺跡と同様にテーブル部にのることを示している（図9）。同21号記念物は、テーブル状祭壇の板状部分から上半身を出している人物を表現している。テーブル状祭壇の壁龕部分がテーブル部上面にあり、そこから上半身部分を乗り出す姿とも解釈できる。

怪物の口と人物が表現される石彫

メソアメリカでは、壁龕・洞窟もしくは口のなかに人物が表現される石彫が、メキシコ中央部、メキシコ湾岸やメソアメリカ南東部太平洋側に分布している。メキシコ中央部などでは、洞窟もしくは怪物の口とその中に表現される人物の浮彫りがあり、先古典期中期とされる。また、口の中に人物が浮彫りされる怪物頭部は、先古典期中期以降にメキシコ湾岸とメソアメリカ南東部太平洋岸にみられる。これらに表現される情景から、テーブル状祭壇における壁龕の意味を考えてみよう。

壁龕・洞窟もしくは口のなかに人物が表現される石彫は、怪物の口として浮彫りされるものと、怪物頭部の開けた口の中に人物が表現されるものがある。

チャルカツィンゴ1号記念物は、怪物の口のなかに、渦巻文が表現される箱状物に高い頭飾りと耳飾りをつけた人物が座る（図22）。同9号記念物は、口の部分が大きく開いている怪物の頭部の浮彫りである。同13号記念物は、怪物の口のなかに座る人物を浮彫りして

第3章　オルメカ文明の興隆　89

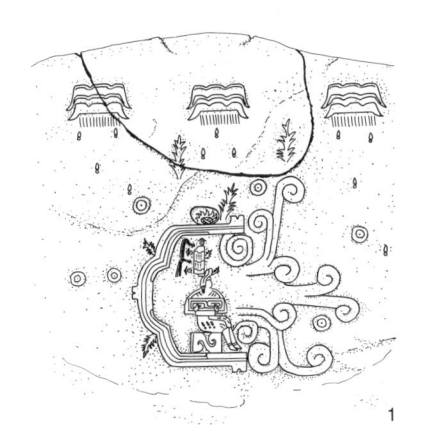

図22　チャルカツィンゴ1号記念物とトレス・サポテスD石碑
（Grove 1984、Stirling 1943より作成）

いる。しかし、破片のため全体は不明である（Grove ed. 1987）。オホ・デ・アグア遺跡では、石像の前に表現される板状装身具に怪物の顔が浮彫りされ、その大きく開いた口の中に人物が座っている。口の中に座る人物はジャガーの特徴を多く持ち、鉢巻状頭飾りをするV字に割れる頭が表現される。そして、胸にはX字文を持つ胸飾りをしている。これらは、怪物の口を洞窟として表現している可能性が高い。他の要素をみると、チャルカツィンゴ1号記念物には怪物の口の上に、雲や雨粒が表現されている。また、怪物の口の端より植物らしきものが生えている。

怪物の口の中に人物が表現される石彫

　トレス・サポテスD石碑では、大きく開けた口の中に、3人の人物が浮彫されている（図22）。また、ベラクルス出土とされる石彫では、大きく開いた口の中に、着飾った人物が表現され（Parsons

ラ・ベンタ7号祭壇　　　ラ・ベンタ1号石碑

図23　ラ・ベンタ7号祭壇と1号石碑

1986)、ラ・ベンタ1号石碑では、大きな怪物の口のなかに女性が高浮彫りされている（図23）。同7号祭壇では、小さな窪みに人物が頭を出しているが、この祭壇にはフクロウと人物が周りに浮彫りされている（Stirling 1943）。このフクロウは、オストティトラン洞窟の壁画にもあり、洞窟と関連がある。ティルテペック遺跡では、大きな口をあけた怪物の口の中に、人物が全身高浮彫りされている（図13）。

　チャルカツィンゴ1号記念物は岩山の一部に浮彫りされたものである。トレス・サポテス遺跡では広場からD石碑が出土している。ラ・ベンタ7号祭壇はピラミッドの南東部分より出土している。

　これらのことから考えて、壁龕は、洞窟を意味する可能性があるように思われる。また、チャルカツィンゴ1号記念物などでは、洞窟は怪物の口を表現していると考えられる。一方、ラ・ベンタ59号記

第3章　オルメカ文明の興隆　*91*

念物も考慮すると、怪物はジャガーを原型にしている可能性が高い。

テーブル状祭壇と壁龕や洞窟

　メソアメリカでは、王権もしくは首長権の認証にかかわる儀礼は、山をピラミッド、洞窟をピラミッド神殿の室内とみたてて、行われた可能性が考えられる。テーブル状祭壇はオルメカ文明における玉座もしくは首長の権威を示す道具として使われた可能性が高い。そして、出土状況からみると、テーブル状祭壇は遺跡の重要な位置に置かれた。また、水と関連した可能性がうかがえる。そして、テーブル状祭壇は、壁龕もしくは洞窟と密接な関係がある。

　サン・ロレンソ遺跡では、山と洞窟を兼備えたテーブル状祭壇があったために、高い建造物を必要としなかった。チャルカツィンゴ遺跡では実際に大きな岩山があり、そこに神話を示す浮彫りを施していた。しかし、ラ・ベンタ遺跡では、神話と権威を示す装置が分離しつつあり、より山に近い姿を人工的な土製建造物で代用しようとしたのではないだろうか。そのため、サン・ロレンソ遺跡にない石碑と四脚付テーブル状台座が、ラ・ベンタ遺跡にはあった。しかし、壁龕の正面形が円形なのは、洞窟を表現している可能性がある。また、方形になっているのは、様式化が進んだためかもしれない。

　チャルカツィンゴ遺跡では、石山の部分に洞窟にいる人物を浮彫りしている。また、これ以外にも、さまざまな神話的な光景を洞窟と人物と関連させて表現している。一方、組合せ式テーブル状祭壇は、建造物の一部となっている。しかし、壁龕はない。こうして壁龕と人物は神話として分離し、山の上に昇り、テーブル部は建造物の一部となり王権に関連する装置となっている。また、テーブル状

祭壇の内外から多くの埋葬が検出された。この中には子供の埋葬もみられる。遺跡内の他の発掘区（建造物部分など）と比較しても、きわめて多くの埋葬が出土している。テーブル状祭壇は埋葬において特殊な位置を占め、人身犠牲とも関係が深い可能性がある。

　一方、神話と権威を一緒にした組織と決別するために、テーブル状祭壇などをサン・ロレンソ遺跡では破壊したのではないか。そして、サン・ロレンソ遺跡より後に栄えたとされるラ・ベンタ遺跡では、その分離した組織を発展させようとしたのではないだろうか。しかし、ラ・ベンタ遺跡は先古典期後期に生き延びることなく、その役割はメキシコ湾岸のトレス・サポテス遺跡やカミナルフユ、イサパ遺跡などがあるメソアメリカ南東部太平洋側に委ねられたのである。

6．ジャガー信仰

オルメカ文明とジャガー信仰

　ジョラレモンは、図象学的研究によってオルメカ文明にみられる文様を詳細に観察・分析し、文様もしくは図象を集成し、要素の相互関係から、10のオルメカの神々を推定している。さらに、このオルメカ10神の中から、後古典期の神の原形（Ⅶ神＝ケツアルコアトルなど）を、約6神抽出している。

　コウは、アステカ文明における神話、絵文書から、ジャガー信仰を文献史学的に研究している。まず、アステカの神々は、テスカトリポカ4神（ジャガーの特徴を持っている）によって創られたために、ジャガーの特徴を持っていること、王の系譜は、神話の上で、テスカトリポカにさかのぼれることを、指摘している。また、人と

ジャガーの合体が主題である考古学的遺物などから、オルメカ文明ではジャガー信仰が王家の信仰であり、王権を補強するものと考えている。

ジャガー信仰の民族学的研究の第一人者であるファーストは、南米から北米、シベリアにかけてみられるシャーマンと動物の関係を中心に論じている。彼は、特に、動物に変身できるシャーマンが、ジャガー信仰を解明する鍵と考えている。たとえば、ツォツィル族は、長老やシャーマンのコンパニオン動物は、最大の猫科動物であり、大ジャガーは、最も重要な長老に属することなどから、ジャガー信仰が、社会統制のための超自然的機構としての機能を有していたと論じている。また、その概念は、南米から伝わったものであるとしている。

一方、ジャガーの特徴であるとされるものを他の動物などの可能性があることを示す研究者もいる。ファーストは、従来のオルメカの特徴は動物学、先スペイン期の図象学、メソアメリカの記号体系と神話からみるとカエルの特徴でもあるとしており、カーソンは頭部にある裂目について病理学的特徴としている。ミューズとストッカーは、解剖学的にオルメカ様式の文様を再検討している。オルメカ文明でワニが最もよく描かれる動物であるが、彼らはこれの交易品としての可能性も論じている。ルケットは、民族事例などから考察し、ジャガーよりもヘビがオルメカ文明においては重要であるとしている（伊藤 1988）。

ジャガー信仰に関係する遺物・遺構

7遺跡で32例のジャガー信仰に関連する遺物・遺構が出土してい

る(図24、図29、図30、図32、図34、図36)。それらは建造物を中心とし、出土状態から分類すると5類に分けられる。

①建造物の構成要素となる遺構・遺物(4遺跡)

　ツツクリ、ラ・ベンタ遺跡では建造物と関連して出土している。テオパンティクアニトラン遺跡では半地下式広場と、チャルカツィンゴ遺跡ではテーブル状祭壇の一部として出土している。1類は、様式化したジャガーを、線刻、浮彫りで表現している。

②建造物の近くより出土している遺構・遺物(2遺跡)

　ラ・ベンタ遺跡では、建造物より少し離れて出土している。サン・ロレンソ21号記念物は小基壇から少し離れて建っており、1類との関係も考えられる。ロマ・デ・サポテ7号記念物は建造物の床面端から出土している。ラ・ベンタ遺跡では、様式化したジャガーの顔をモザイクで、サン・ロレンソ遺跡ではジャガーの全身を浮彫りもしくは丸彫りで、表現している。

③建築物の真下に埋められている遺構・遺物(1遺跡)

　ラ・ベンタ遺跡のみにしかない。様式化したジャガーをモザイクで表現している。

④遺跡を見下ろす位置にある遺構・遺物(1遺跡)

　チャルカツィンゴ遺跡のみにしかない。様式化したジャガーを表現する1号記念物以外は、ジャガーの全身を浮彫りしている。

⑤洞窟内部にある遺構・遺物(2遺跡)

　フストラワカ、オストティトランの2遺跡にある。様式化したジャガーが表現されている。オストティトラン壁画M-1以外は、ジャガーの全身やその一部分の壁画、線画である。

　全類型をメソアメリカ全域でみると、①はメソアメリカ南東部太

第3章 オルメカ文明の興隆 95

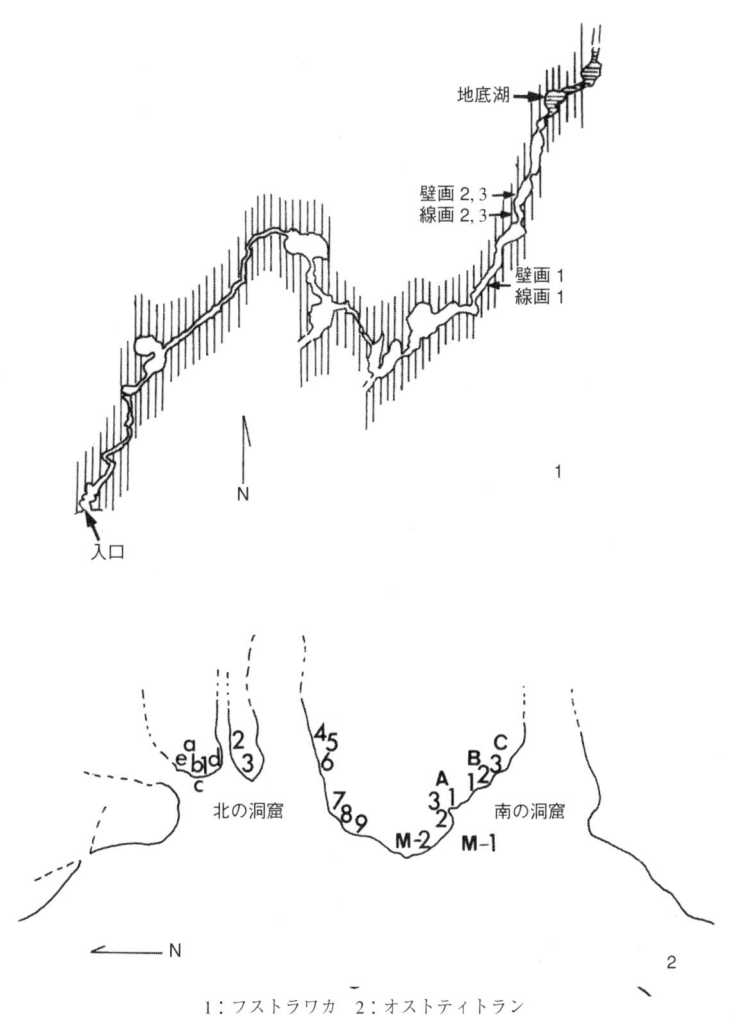

1：フストラワカ　2：オストティトラン
図24　ジャガー信仰に関連する洞窟遺跡 (伊藤 1988より作成)

平洋側、メキシコ湾岸、ゲレロ州、メキシコ中央部に、②はメキシコ湾岸のみに、③④⑤はメキシコ湾岸、メキシコ中央部、ゲレロ州に限られている。

ところで、メキシコ中央部チャルカツィンゴ遺跡は、デルガド山に洞窟があるが、壁画などに使われた形跡がない。そして、メキシコ湾岸では、洞窟が存在しない可能性が高い。このために、⑤はゲレロ州に特有である可能性が高い。次に、技法から分析すると、壁画、線画はゲレロ州に、線刻はメソアメリカ南東部太平洋岸に、浮彫りはゲレロ州、メキシコ中央部、メキシコ湾岸に、丸彫りはメキシコ湾岸に限られている。また、サン・ロレンソ遺跡では丸彫りのジャガーは遺跡の端にあり、石碑にジャガーの浮彫りがされている。これらの石彫には、破壊された跡が残っている。出土状態から比較すると、様式化していないジャガーは、建造物とは関係が薄い。

ジャガー信仰の特徴

これらの遺構のジャガーの現れている場面から、ジャガー信仰の特徴を検討しよう。

⑤のフストラワカ、オストティトラン遺跡では、洞窟の壁面に、様式化していないジャガーの壁画、線画がみられる。また、チャルカツィンゴ遺跡では、様式化したジャガーの口が洞窟として表現されている（1、9、13号記念物）。一方、サン・ロレンソ21号記念物はジャガーが浮彫りされている面を下にして建てられ、テオパンティクアニトラン遺跡では半地下式広場から記念物が出土し、ラ・ベンタ遺跡では建造物の下からモザイクが出土している。ジャガー信仰と大地との関係の深さを示している。

第 3 章　オルメカ文明の興隆　97

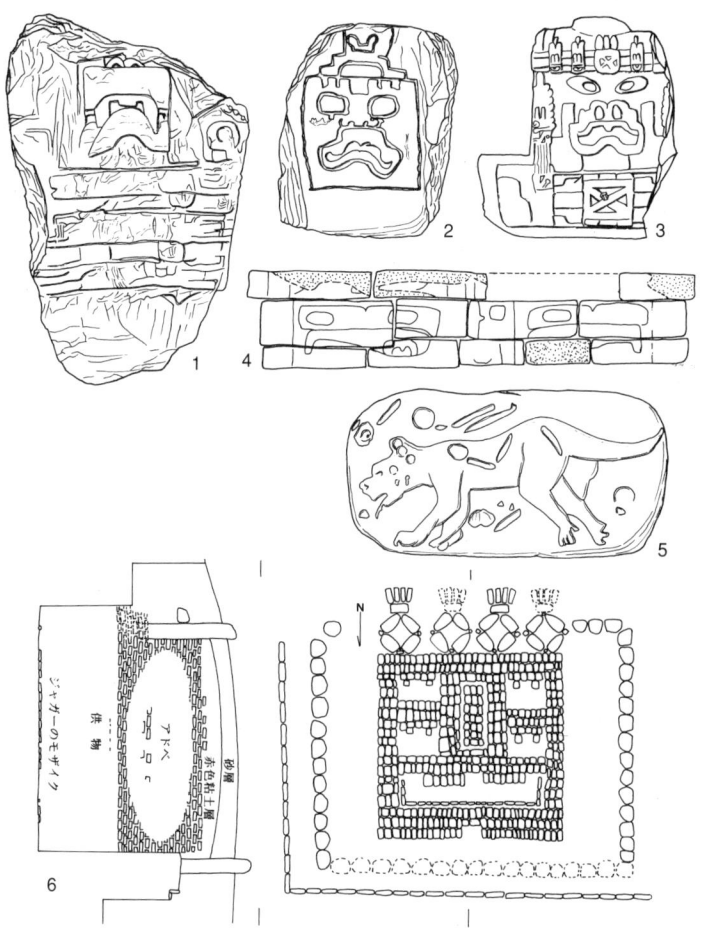

1：ラ・ベンタ25号記念物　2：ツツクリ 1 号記念物　3：テオパンティクアニトラン3号記念物　4：チャルカツィンゴ22号記念物　5：サン・ロレンソ21号記念物21　6：ラ・ベンタ 1 号モザイク

図25　ジャガーが表現される遺構・遺物（伊藤 1988より作成）

また、洞窟との関連で最も注意されるのは、ラ・ベンタ4号祭壇である。その上部には様式化したジャガーが、下部には壁龕に座っている人物がいる。そして、この壁龕を縁取る線の四隅からは、植物が出ている。これは、チャルカツィンゴ1、9、13号記念物と、同様の情景を表現する。そのなかで、13号記念物には、ジャガーの口（洞窟）のなかに座っている人物が表現されおり、4号祭壇との関係が濃厚に看取される。

　一方、フストラワカ線画2、3にはジャガーと人が描かれており、13号記念物等に示される情景と無関係ではない。また、チャルカツィンゴ22号記念物は切り石で作られたテーブル状祭壇であり、メキシコ湾岸のテーブル状祭壇と形状が類似している。この記念物には、ジャガーの目と眉が浮彫りされるのみで、鼻、口の表現がみられない。また、メキシコ湾岸のテーブル状祭壇に多くみられる壁龕がない。しかし、この記念物の付近には多数の土壙が存在しており、土壙を掘ることによって、ジャガーの口、霊界への出入口を作っていると考えられる。

　①は、他の類型と較べると、洞窟、大地と関係がないように思われる。しかし、ハイザーによれば、記念物25の背後にあるラ・ベンタ遺跡最大のピラミッドが、石材の供給地であるロス・トゥクストラの山を象ったものであり、ジャガーが冥界の神であるならば、大地との関係を示すものと考えている。また、ツツクリ1号記念物は、遺跡最大の4号建造物にあり、ラ・ベンタ遺跡と同じ状況が考えられる。ラ・ベンタ遺跡では、この類は、他と較べると、時期が遅い。

　ジャガーは、大地、洞窟と関係が深いと思われる。特に、その口は洞窟と関係が深いと思われる。また、チャルカツィンゴ遺跡と

第3章　オルメカ文明の興隆　99

1：チャルカツィンゴ9号記念物　2：同13号記念物　3：ラ・ベンタ15号記念物、4：チャルカツィンゴ4号記念物　5：同3号記念物　6：同14号記念物　7：オストティトラン壁画M-2　8：同壁画1-d　9：フストラワカ壁画1　10：同線画2,3、11：同壁画3

図26　ジャガーが表現される石彫と壁画（伊藤1988より作成）

ラ・ベンタ遺跡では、植物と関係のある情景のなかにジャガーが現れており、ジャガー信仰と植物との結びつきを示している。チャルカツィンゴ遺跡では、雲に活力を与えているように表現されている渦巻文がジャガーの口より吹き出され、上の雲からは雨滴が落ちており、雨乞いもしくは豊穣儀礼と関係が深い。また、人のうえに乗っているジャガーが表現されているチャルカツィンゴ3、4号記念物は、ジャガー信仰と人身犠牲との関わりあいを示し、ロマ・デ・サポテ3号記念物 も同じことを表現していると考えられる 。

次に、メキシコ湾岸とゲレロ州と較べると、ジャガー信仰は、前者では大地との関係が深く、後者では洞窟との関係が深い。洞窟との関係は、ラ・ベンタ4号祭壇に象徴的に表現されている。しかし、メキシコ湾岸には洞窟が存在しないこともあり、洞窟とジャガーとの関係は、ゲレロ州と較べると、遥か遠く、神話の世界の出来事になっているようである。

さらに、チャルカツィンゴ遺跡とフストラワカ遺跡とを較べる。前者では、近くの洞窟が壁画、線画の対象とならず、代わりに、丘の岩等に洞窟としてのジャガーの口などが浮彫りされている。チャルカツィンゴ遺跡では、ジャガー信仰と洞窟との関係が弱まっており、ジャガー信仰の起源が、洞窟遺跡(オストティトラン、フストラワカ)のある地域に存在する可能性が高い 。

高位の人物とジャガーとの関係

フストラワカ壁画1では前に座っている人物に対して武器状のものを突き付けている人物(ジャガーの毛皮を身につけている)が、オストティトラン壁画M-1ではジャガーの玉座と思われるものに座

っている人物（着飾っている）が、描かれている。チャルカツィンゴ、ラ・ベンタ遺跡では、洞窟、壁龕に座っている人物が、様式化したジャガーと関係して表現されている。また、ジャガーと人間との性行為が主題になっている、オストティトラン壁画1-dは、ジャガーと高位の人物との血の紐帯、もしくはジャガー人間の起源を示している。ジャガーは、各遺跡における地位の高い人物と関係が深い。また、洞窟は、ジャガーと高位の人物との関係においても、重要な位置を占めている。一方、メキシコ湾岸のテーブル状祭壇は壁龕にジャガーと人の特徴を持つ子供を抱えた人物が彫られており、ジャガーと高位の人物との密接な関係が考えられる。

ジャガー以外の動物

ジャガー以外の動物が、どのような場面に表現されているかをみてみよう。

ヘビ

フストラワカ遺跡では、線画2、3に、ジャガーの頭のすぐ上にヘビの頭部が描かれている。また、ジャガーの壁画3のある場所に、ラ・ベンタ19号記念物（図27）と同じ姿のヘビが描かれている壁画2がある。また、ツツクリ遺跡では、様式化したジャガーが線刻された1号記念物の横に、様式化したヘビが線刻された2号記念物（図27）がある。ヘビは、ジャガーと対等の位置にいたようである。また、サン・ロレンソ37号記念物は、膝の上のヘビの頭部に手を置いている、マントを着けている人物（丸彫り、頭部を欠く）を表現し、ラ・ベンタ19号記念物では、動物のマスクを着けた人物の背後に、ガラガラヘビが浮彫りされている。これらの遺跡では、高位の

人物との関係の深さが示されている。ヘビは、ジャガーや、高位の人物と関係が深いと思われる。

爬虫類

オストティトラン壁画1-c（図27）、チャルカツィンゴ5号記念物（図27）には、爬虫類と思われる動物が表現されている。壁画1-cと5号記念物は、ほぼ同じ姿で表現されているが、その中で記念物5では、人間を銜えている。また、雨との関連がある場面に多く表現される、S字文の上にその生物が彫られており、この生物と雨の関係の深さが考えられる。

トリ

オストティトラン遺跡では、フクロウを表現した壁画1-e（図27）がある。また、壁画M-1（図21）では、トリのマスクと衣装を着けた人物が、玉座と思われるものに座っている。チャルカツィンゴ2号記念物（図27）には、トリのマスクを着けた3人の人物が、やはりトリのマスクを着けた人物の前で、儀式をしている場面が浮彫りされている。また、その捕虜の前の人物は、4号記念物の下のジャガーと同じ頭飾りを着けている。それらの頭飾りが意味するものは何であろうか。

サン・ロレンソ遺跡には、ミズトリを表現した9・102号記念物、3つのトリの顔がヘルメットに表現されている巨石人頭像（2号記念物）、上にトリの足のついている帽子を被った人物が側面に浮彫りされている14号記念物（祭壇）がある。チャルカツィンゴ、サン・ロレンソ遺跡では、重要と思われる人物のマスク、頭飾り、ヘルメットに、トリが表現されている。一方、ラ・ベンタ遺跡では、墳墓Aの耳飾り（図27）、墳墓Cの棒状黒曜石核（図27）、12号記念物のベ

第3章 オルメカ文明の興隆 103

1：ラ・ベンタ19号記念物　2：ツックリ2号記念物：3：チャルカツィンゴ5号記念物
4：オストティトラン壁画3　5：同壁画1-c　6：同壁画7　7：チャルカツィンゴ2号記
念物　8：ラ・ベンタ3号石碑　9：同耳飾り　10：同黒曜石石核　11：オストティトラ
ン壁画1-e　12：同壁画B-2

図27 ジャガー以外の動物に関連する石彫と壁画（伊藤 1988より作成）

ルト部分には、牙が嘴にあるトリの顔が線刻されている。また、墳墓Cの耳飾りに線刻されている生物は、牙を生やしたトリかもしれない。しかし、13号記念物(ターバンを着けた人物が、浮彫りされている)に浮彫りされた文字のような記号の1つは、トリの顔を表現しているが、牙は持たない。ラ・ベンタ遺跡では、高位の人物との関係が深いと思われる 。

シカ

オストティトラン遺跡では、南の洞窟の壁画 B-2(図27)にシカと2人の人物が描かれている。また、ラ・ベンタ遺跡では、3号石碑(図27)にシカの頭飾りを着けた人物と、壮麗な頭飾りを着けている人物が浮彫りされている。ラ・ベンタ遺跡では高位の人物との関係の深さが示されている。しかし、オストティトラン遺跡では詳細な内容は不明である 。

ジャガー以外の動物についてまとめると、以下のようになる。ヘビ、トリは、首長等の高位の人物との関係が考えられる。しかし、ヘビは、ヘビそのものが表現されることが多く、トリとは様相が異なっている。爬虫類のような生物は、人身犠牲、雨と関係が深く、雨乞い等の儀礼との関係が考えられる。シカは、高位の人物と関係が深いと思われる。他の動物と較べるとジャガーと洞窟、大地との関係がより深いが、ジャガー以外の動物にも、洞窟、大地、高位の人物との関係の深さみられる。

ジャガーと他の動物との関連をみよう。まず、ヘビについてみると、ジャガーとの密接な関係が示され、ジャガーと対等あるいはジャガーにとって補助的な役割を果たしていたと考えられる。トリについては、ジャガーとの関係は薄いが、ラ・ベンタ遺跡の耳飾り、

チャルカツィンゴ2号記念物に示され、嘴の牙がジャガーの犬歯を示すのかを、解明する必要がある。また、ヘビ以外の爬虫類、シカとジャガーとの関係は、きわめて薄いものであった。

7．交　易

　オルメカ文明の栄えた時期には、硫黄、エイの尾針、シカの皮、サメの歯、貝、顔料、織物、チタン鉄鉱、磁鉄鉱、黒曜石などが交易されていた（Cyphers y Castro 1996）。また、石彫に多く表現される凹面鏡は原材料供給地が限られており、巨大石彫の原材料もメキシコ湾岸の特定地域に限られている。

　オルメカ文明にみられる青みがかったヒスイは、その産地がずっとわからないままだったが、近年グァテマラのモタグア川上流でその鉱脈が発見され、グァテマラ高地からメキシコ湾岸まで運ばれてきたことが知られた（Seitz 2001）。

　ヒスイよりは軟らかい蛇紋岩については、ラ・ベンタ遺跡のものはプエブラやオアハカから持ってこられた。また、オアハカのサン・ホセ・モゴーテ遺跡の北70kmに蛇紋岩の産地であるクイカトラン－パパロが位置しており、ここで産する蛇紋岩はサン・ロレンソやラ・メルセ遺跡でも使われている。

　サン・ホセ・モゴーテ遺跡から6～33kmの距離に、磁鉄鉱とチタン鉄鉱の産地であるテナンゴ、サン・ヘロニモ・ティティトラン、アラソラ、カカオテペックなどがある。カカオテペック産の鏡2個が、サン・ロレンソ遺跡から出土している。また、オアハカ産の鉱石はミシュテカ地域やメキシコ中央部のモレロス州でも、紀元前

1150〜850年ごろに使われている（Flannery and Marcus 2007）。サン・ロレンソ遺跡では磁鉄鉱とチタン鉄鉱に6つの穴があけられたものが多量に出土しているが、これはヒキピラス（ソヤテンコもしくはラ・ベンタ川近く）でつくられた。この近くには、穿孔する作業に都合の良い珪酸砂があるためである（Lee 2007）。

黒曜石は、サン・ロレンソ遺跡のオホチ期には、ベラクルスからメキシコ中央部に行く途中にあるピコ・デ・オリサバなど近くの鉱山から得られていることもあるが、遠く800km以上も離れているグァテマラ高地の鉱山からも来ている。チチャラス期にはメキシコ中央部のオトゥンバから、サン・ロレンソB期にはパチューカなどさまざまな鉱山から黒曜石を得ていたことが分かっている（Cobean et al. 1971）。

天然アスファルトは、産地で採った後、口がせまくなる土器に貯めたり、丸い塊にして保存したようである。パソ・ロス・オルティセス遺跡では、天然アスファルトの塊が詰まったピットが検出されており、これは後に使うための貯蔵、貢物、交易品としての可能性が考えられる。実際に、メキシコ中央部のトラティルコ遺跡では154号埋葬から天然アスファルトの塊が出土している（Wendt 2007）。

コハクの垂飾がラ・ベンタ遺跡で出土している。チアパス中央盆地のコハクの産地トトラパ近くでオルメカの代表的土器である彫刻土器が出土しており、紀元前800年ごろにここからコハクがオルメカ文明の中心地に輸出されていたようである（Lee 2007）。

8. オルメカ様式の広がり

　オルメカ様式は、メキシコ湾岸で形成された後に各地に広がったが、これについてはいくつかの見解が出されている。フラナリーは、オアハカ地域の発掘結果からオルメカ様式の拡散は形成期における経済的統一性の反映であるとしているし、グローブは、遺跡の分布などからメキシコ中央部におけるオルメカ様式の出現の主要因を交易であるとしている。あるいはポチテカのような人びとがオルメカ様式の拡散に関わり、中心地域外では中心地域から来た人びとが支配していた可能性を提示する人もいる（伊藤2007）。

　これらの問題を解くために、まず各種の遺物・遺構の広がりについてみることとし、そこからさらに様式の広がりにせまることとしたい。

各種遺物・遺構の広がり

　オルメカ文明の特徴ともいえる巨石人頭像は、メキシコ湾岸に限られている。ただし、人の身長以上ではないが、実際の頭の大きさよりは大きな人頭像がメキシコ南部のチアパス州からグァテマラ南部の太平洋岸にもみられる。同様に、1つの石からつくられたテーブル状祭壇もメキシコ湾岸に限ってみられる。このように、メキシコ湾岸に限ってみられる特徴には、さまざまなものがある。

　写実的な特徴を持つ石像はオルメカ様式の特徴だが、メキシコ湾岸以外には広がっていない。メキシコ湾岸から南東をみるとメソアメリカ南東部太平洋側でも人物や動物を象った石像がみられるが、

角張ったり元の石の特徴を残したりする石彫が多い。これらはたしかにオルメカ様式の特徴を持ってはいるが、メキシコ湾岸の石像と比べるとかなり稚拙な印象がある。一方、メキシコ湾岸の北西をみると、チャルカツィンゴ遺跡が位置するメキシコ中央部がある。さらに太平洋岸に向うとテオパンティクアニトラン遺跡がある。チャルカツィンゴ遺跡では、写実的な石像はなく、ブロック状で角張った石像がある。同様に、テオパンティクアニトラン遺跡でも写実的とはいい難い石像頭部がみられる。石像のみからみると、オルメカ様式はメキシコ湾岸ではきわめて良質な石彫をつくるのに対して、メキシコ湾岸から離れると徐々に粗雑になる。しかし、いずれもオルメカ様式の特徴は持っている。

建築をみると、メキシコ湾岸では土製建造物が主流である。サン・ロレンソ遺跡でつくられている小さな土製建造物は、規則的に配置されているが、この計画された建造物配置の習慣はラ・ベンタ遺跡をはじめとするメキシコ湾岸の各地では一般的になる。

一方、メキシコ湾岸から北西にあるメキシコ中央部では、チャルカツィンゴ遺跡でみるように石造建造物がつくられた。また、太平洋に向かう途中にあるテオパンティクアニトラン遺跡では、初期の建造物は土製だが、その後石造建造物になった。メキシコ湾岸からテワンテペック地峡を通り、メキシコ南部のチアパス州にあるツックリ遺跡やタカリク・アバフ遺跡では川原石で壁が構成された建造物がつくられた。一方、タカリク・アバフ遺跡では、球戯場と報告される土製建造物がみつかっている。また、オルメカ様式の石彫がみつかったラ・ブランカ遺跡やモンテ・アルト遺跡のあるメソアメリカ南東部太平洋岸では、土製建造物が主流であった。しかし、オ

ルメカ様式の建造物が具体的にどのような姿だったかは、長年の浸食などによって分かりにくくなっている。

この当時の威信財であるヒスイは、グァテマラ高地からカリブ海に流れるモタグア川沿いに鉱脈がある。ヒスイはマスク、小像、耳飾りをはじめとする装身具などに加工された。ヒスイ製品のなかにはスプーン状のものがあるが、これは胸飾りとして使用されたことがわかっている。そして、それはコスタ・リカにまで広がっている。また、ヒスイ製仮面はメキシコ湾岸のリオ・ペスケロ遺跡で多量に出土しているが、エル・サルバドルまでみられる。オルメカ様式のヒスイ製小像は、メキシコ中央部からコスタ・リカまで分布している。

土器に関しては、オルメカ様式の文様がメキシコ中央部、メキシコ湾岸、そしてメソアメリカ南東部端までみられる（図28）。また、オアハカでもオルメカ様式の文様がある。メキシコ西部でもオルメカ様式と関連のある文様があるが、オルメカ様式と判断できるまでには至っていない。一方、メキシコ湾岸北部のワステカ地域にはオルメカ様式の土器がみられる。

様式の広がり

オルメカ様式の広がりを、記念碑的な大型の物と、比較的小さな遺物の双方から考えてみよう。

建造物や記念碑的な石彫は持ち運びが難しいため、当時の支配者層の地域差をうかがい知るには好都合といえる。さらに、記念碑的な建造物は支配者たちが政治的な意図を持って建設したものである。メキシコ湾岸でみられる土製建造物はメソアメリカ南東部太平

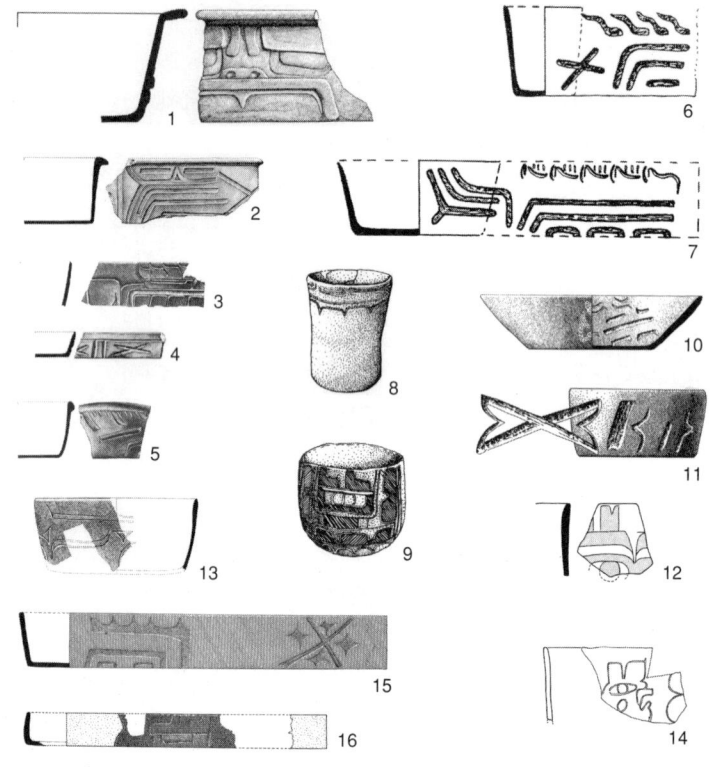

1～5：サン・ロレンソ　6,7：トラティルコ　8,9：チルパンシンゴ　10～12：サン・ホセ・モゴーテ、13：ミラドール、14：エル・メサック、15,16：コパン

図28 メソアメリカ各地でみられるオルメカ様式の土器（Coe and Diehl 1980, Piña C. 1958, Reyna R.and Martínez D. 1989, Agrinier 1984, Pye and Demarest 1991, Flannery and Marcus 1994, Viel 1993より作成）

洋側にもある。このことだけをみると、政治的な支配がメソアメリカ南東部太平洋岸まで広がっているようにみえる。しかし、記念碑的なオルメカ様式の石彫についてみると、オルメカにおける玉座とされるテーブル状祭壇がない。支配者の装置がないとすると、メソ

第3章 オルメカ文明の興隆 *111*

アメリカ南東部太平洋側で政治的な支配をしていたとは考え難いように思われる。

　目をメキシコ湾岸から北西に向けると、メキシコ中央部のチャルカツィンゴ遺跡でブロック状の石を組み合わせたテーブル状祭壇がある。このことは、メキシコ湾岸からオルメカ様式のテーブル状祭壇を携えて、メキシコ中央部にメキシコ湾岸の政治的影響力のあるオルメカ人がやってきて、建造物を建設し、石ブロックでテーブル状祭壇をつくったことを意味するともいえる。すなわち、オルメカ様式の広がりには政治的な背景が考えられるのである。

　また、このチャルカツィンゴ遺跡から西に向かって太平洋に至る手前に、オストティトラン、フストラワカ、カカワシキといった洞窟遺跡があるが、これらの洞窟にはオルメカ様式の壁画がみられる。オルメカ様式の壁画はメソアメリカ南東部にもあるが、この地域が唯一といってもいい。オストティトラン遺跡では、着飾った支配者もしくは神官と考えられる人物がテーブル状祭壇にのっているようすがみられる。また、チャルカツィンゴ遺跡では、ジャガーの口が洞窟のように表現された部分に、箱状の物体を抱えた背の高い頭飾りを付けた人物が座っている情景が、雲・雨・植物とともに表現されている。これらのことからみて、オルメカにとって洞窟はきわめて重要な場所であったことが分かる。

　また、オストティトラン遺跡ではジャガーと人が性的な関係をもっているような情景も表現されている。オルメカではジャガー人間ともいえるような、半分は人の特徴をもちもう半分はジャガーという表現がみられることや、神官と思えるような人物がジャガー人間の子供を抱えている例をみると、王権の起源が洞窟にあり、ジャガ

ーと密接な関係にあったとも考えられる。こうしたことから、オルメカ様式の広がりは信仰に関係する可能性もあるといえよう。たとえば、神話上の聖地であるゲレロ州にあるオストティトラン遺跡などの洞窟に巡礼することに伴って、オルメカ様式が広がったことも考えられる。

　一方、ヒスイ製品、土器、小像などの小型石彫は比較的動かしやすい。ヒスイは鉱脈がグァテマラ高地からカリブ海に向かう途中にあるために、グァテマラ高地から太平洋岸に至り、テワンテペック地峡を越えてヒスイを運ぶ必要がある。こうした移動は戦略的商人が運んでいたのであろうか。村から村へと物々交換でメキシコ湾岸まで到達したのであろうか。貢物として運ばれたのであろうか。それとも、他の方法で動いていったのであろうか。また、グァテマラ高地では良質の黒曜石がグァテマラ市の少し北、ヒスイの鉱脈の近くにあり、この黒曜石がメキシコ湾岸まで到達している。いずれにせよ、ヒスイや黒曜石がグァテマラ高地からメキシコ湾岸まで動いていることは間違いないだろう。こうした物の動きに伴って、オルメカ様式が広がっていったことも考えられる。

　一方、オアハカでは土器のみにオルメカ様式の文様がみられる。しかし、メキシコ湾岸の中心地ラ・ベンタ遺跡と同じ中心軸でつくられたサン・ホセ・モゴーテ遺跡は、最古のメソアメリカの文字の可能性がある浮彫りがある。しかし、最近、ラ・ベンタ遺跡では最古の文字の彫られた可能性のある印章が出土している。この建築に関する基線や文字がラ・ベンタ遺跡起源なのかそれともサン・ホセ・モゴーテ遺跡が起源なのかが重要な問題になる。この問題が解決すれば、政治的にオアハカが優位だったのか、メキシコ湾岸が優

位だったのかが明らかになるだろう。

　ところで、オアハカでは鉄鉱石が多量に出土する遺跡がある。オルメカでは鉄鉱石を磨いて鏡のようなものとして使っていた可能性がある。このことから、オアハカは鉄鉱石の供給源として重要な地位にあったことが考えられる。

　以上のようなことを勘案すると、メキシコ湾岸との交易を通してオルメカ様式の土器がオアハカにみられるようになったことは充分にありうるといえよう。オルメカ様式の広がりには、政治的・経済的・宗教もしくは信仰上の原因が考えられるが、しかし、現時点ではいずれが決定的な原因なのかは明らかにはなっていない。

第4章　オルメカ文明の中心地とその周辺

1．オルメカ文明の中心地

　オルメカ文明の中心地は、ベラクルス州南部からタバスコ州にかけての地域であるが、なかでも中心となるベラクルス州南部のサン・ロレンソ遺跡、タバスコ州のラ・ベンタ遺跡において編年が組まれている。

　サン・ロレンソ遺跡では、最も古いオホチ期は、メソアメリカ南東部太平洋岸オコス期との関連がみられる。次のバヒオ期は、メキシコ中央部、メキシコ西部との関連もみられ、チチャラス期にはオルメカ文明の特徴が顕著になる。サン・ロレンソ期はこの遺跡の最盛期であるが、メキシコ中央部、オアハカと関連が深い。ナカステ期には、メキシコ中央部、マヤ中南部との関連が考えられるとともに、サン・ロレンソ期の特徴がなくなり、新しい要素が現れる。また、次のパランガナ期との間には断絶がある可能性があり、マヤ低地との関連も考えられる。レンプラス期の遺物は、テワカン、グァテマラ高地などと関連がみられる（Coe & Diehl 1980）。

　ラ・ベンタ遺跡では、1955年の調査で得られた炭化物資料を基に、1〜4期（紀元前1000〜600年）の編年が組まれた（Berger et al. 1967）。また、エル・マナティ遺跡では、先古典期前期マナティA期（紀元前1600〜1500年）より儀礼の痕跡がみられ、マナティB期

(紀元前1500～1200年)の後、マカヤル期以降(紀元前1200～1100年)に木彫、ゴムまり、石斧などの儀礼が行われている(Ortiz y Rodríguez 1994)。一方、トレス・サポテス遺跡では、ラ・ベンタ崩壊後の先古典期後期に建造物の建設が始まり、古典期に続いていく。石彫などに、オルメカの伝統が引継がれた(Pool 2000)。

　生業についてみると、マタカパン遺跡では先古典期前期(紀元前1400～1200年)の畝状遺構が火山灰の下から検出されているが、栽培された植物は不明である。他に、建造物、フラスコ状ピット、ゴミ捨て場などが検出されている。先古典期中期、ラ・ベンタ遺跡においてバリ期の包含層より炭化したトウモロコシが出土しているが、農耕の実態は不明である。先古典期後期、トレス・サポテス遺跡近くのベスアパン遺跡では、フラスコ状貯蔵穴、畝状遺構も検出されている。

　一方、先古典期中期のものと考えられる文字がラ・ベンタ遺跡のサン・アンドレス地区で出土しており、湾岸地域の文字の起源がさかのぼる可能性がある(伊藤 2007)。

　以下、これらの遺跡について詳しくみていくこととする。

サン・ロレンソ

　コアツァコアルコス川沿いの、船が往来できる大小の川に囲まれた所に位置し、熱帯雨林の沼沢地のジャングルのなか、小さな島状になっている標高40～80mの小高い場所にあったとされる(図29)。3 km²の広がりを持っており、サン・ロレンソ、テノチティトラン、ロマ・デ・サポテ、エステロ・ラボンの4地区に分かれる(Coe & Diehl 1980；Cyphers 2007)。ラ・ベンタ遺跡でみられるような大き

第4章 オルメカ文明の中心地とその周辺 *117*

図29 サン・ロレンソ遺跡平面図（Coe and Diehl 1980より作成）

なピラミッドはない。コウは、この遺跡の調査成果から、オルメカ文明は形成期前期に完成し、ジャガー信仰が中心であり水と密接な関係があったとしている（Coe 1968）。

オホチ期とバヒオ期は最古期であるが、オホチ期に居住が始まり、葦や土でつくられた住居で構成される小さな集落がつくれられる。バヒオ期には記念碑的な建造物がつくられはじめる。

チチャラス期とサン・ロレンソ期（紀元前1200〜850年）には、大きく発展した。チチャラス期には新しい要素が多くみられるので、他地域からの移住者によると考えられるが、オルメカ的な要素がメソアメリカの他の地域に先駆けて出現する。大きな土木工事を行い、さまざまなテラスを丘の頂上近くに造成した。建造物などをつくる際に方向を決める基線はほぼ正確に南北になっている。サン・ロレンソ期には、記念碑的石彫がつくられ、水路がつくられる。紀元前900年頃に石彫の再利用が大規模化する。巨石人頭像の多くは他の石彫が再利用されてつくられている。

次のナカステ期には、破壊活動が盛んに行われ、土器には新しい要素が現れる。この時期にはほとんど活動が止まってしまった。原因として、戦争、疫病、気候変動などが挙げられている。気候変動には川の流路の変化、火山活動、飢饉が考えられている。サン・ロレンソの人びとはこの遺跡を放棄した後、ラ・ベンタ遺跡へ移住したとも考えられている（Cyphers 2007）。

パランガナ期には、活動がほとんどみられず、サン・ロレンソ地区に限られる。

レンプラス期はきわめて限られた活動しかなかった。テノチティトラン地区に限られ、土器しか出土しない（Coe & Diehl 1980）。

第4章　オルメカ文明の中心地とその周辺　119

　以下、サン・ロレンソ期に相当する遺物遺構から、オルメカ文明初期の状況をみることとする（Cyphers y Castro 1996）。

　34号記念物の近くには44基の石彫があり、石彫製作の工房と考えられる。この区画にある「赤の宮殿」は玄武岩の石柱を利用した建造物であり、赤色の床を持っている。また、柱状の石に浮彫りを施した2基の石彫があり、蛇行するU字型の水路状石製品が並んでいる。一方、ロマ・デ・サポテ地区では建造物の端に人物の石像2基（8、9号記念物）とジャガーの石像2基（7、10号記念物）がある。これらの石彫をジャガーと人物の双子と考え、神話的な存在と解釈している。

　サン・ロレンソ期に相当する東西方向に150m以上の長さを持つ水路がサン・ロレンソ地区C群からみつかっている。幅60cm深さ1mの穴を掘りそこにU字状石製品と蓋になる平らな玄武岩製平石が置かれていた。傾斜は大体2％ぐらいだが、場所によっては8％になる。3ヵ所で枝分かれしている。また、水路の東端の近くより出土した52号記念物は、石彫の正面にジャガー人間が座った姿が浮き彫りされており、後ろは空洞になっている。U字状石製品に似ており、水路の一部である可能性がある。この52号記念物はこの水路に対して何らかの関係を持っていた可能性がある。

　また、9号記念物はミズトリの形をした石彫であるが、翼の部分にU字状の開口部を持っている。この開口部はちょうどU字状石製品が嵌まる大きさになっている。水路の端にあって水がこの石彫の内部に落ち込む可能性を示しており、水を貯める目的を持っていたと考えられる。

　チタン鉄鉱石製品が10000個、ロマ・デル・サポテ地区の丘の平

らな場所から出土しており、工房跡と考えられる。サン・ロレンソ地区の南西側では3ヵ所から出土している。1ヵ所目では径1m深さ1mの穴から2トン（64000個）の破片が出土し、2ヵ所目からは160kgの完形品、3ヵ所目の2.5×2.6m深さ0.60mの穴から2.5トンの完形品が出土した。また、住居址からも出土しており、何らかの道具と推定される。しかし、トレス・サポテス遺跡で出土例がある以外は他のメソアメリカではみられない。

ベントナイト、石灰岩、堆積岩など建築に利用されるものは地元のものを使っている。鉄鉱石は地元にはなく、オアハカやチアパスから持ってこられた。赤鉄鉱はサン・ロレンソ遺跡の近くにあるアルマグレ遺跡から、鏡用の赤鉄鉱はエル・マナティ遺跡から持ってこられた。緑色の石（ヒスイ、軟玉、蛇紋岩）も他より持ってこられた。玄武岩は北西に60km離れているトゥクストラ山地から、また磁鉄鉱の鏡はサン・ホセ・モゴーテ遺跡（オアハカ）などから持ってこられた。

上述のジャガーの石彫以外にも、サン・ロレンソ遺跡にはジャガーに関連する石彫が多く出土している。サン・ロレンソ7、37、77、90、107号記念物、テノチティトラン2号記念物は丸彫りのジャガーで、いずれも破壊を受けている。サン・ロレンソ期に属するものがあるが、他は出土位置など不明である。一方、サン・ロレンソ期のサン・ロレンソ21号記念物は遺跡の南西端から、ピットにはめ込まれた状態で出土している。ジャガーの全身の浮彫りのある面を下にして、建てられていた。また、ピットが掘り込まれている層は、小建造物になる可能性があるとされる。地下世界を意識してジャガーの面を下にして埋められたかもしれない。また、破壊されている

第4章　オルメカ文明の中心地とその周辺　121

ジャガーの丸彫り石彫は儀礼的に殺されている可能性がある。

エル・マナティ

サン・ロレンソ遺跡とはコアツァコアルコス川をはさんで、反対側に位置する沼沢地にあり（図30）、小島状の陸地と沼が周りを囲んでいる。

標高100mのマナティ山が、他のエル・ミヘ山とサリナス山と共に一帯では唯一の高みとなっている。マナティ山の東斜面には真水が湧き出るところがある。また近くには建造物群がみられるラ・メルセ遺跡がある。周囲は水と熱帯雨林のジャングルに囲まれており、動物相が豊富で、魚やトリが生息している。供物が出土した水たまりの広さは60×30mである。

マナティA期（紀元前1600～1400年）、マナティB期（紀元前1400～1200年）、マカヤル期（紀元前1200～1100年）に分けられ、木彫20体、ゴムまり12個、多数の儀礼用石斧（多くは蛇紋岩とヒスイ）、ヘビもしくは杖状木製品、赤鉄鉱塊などが出土している。

マナティA期には、6個の石斧と径10㎝のゴムまりが一緒に出土した。また、2連になると考えられるヒスイと蛇紋岩の玉でできた首飾りが散らばって出土した。近くから再利用されたと考えられる土偶の頭部が出土し、この首飾りの一部となっていた可能性も考えられる。それ以外にも、石斧などが散らばって出土している。これらは、儀礼がおこなわれた痕跡と考えられる。

マナティB期には、5つの石斧が花状に配置されて出土した。各石斧は花弁のように置かれており、大きさも13～15㎝に統一されている。他にも、2、5、6、12個の組み合わせにされて石斧が置かれ

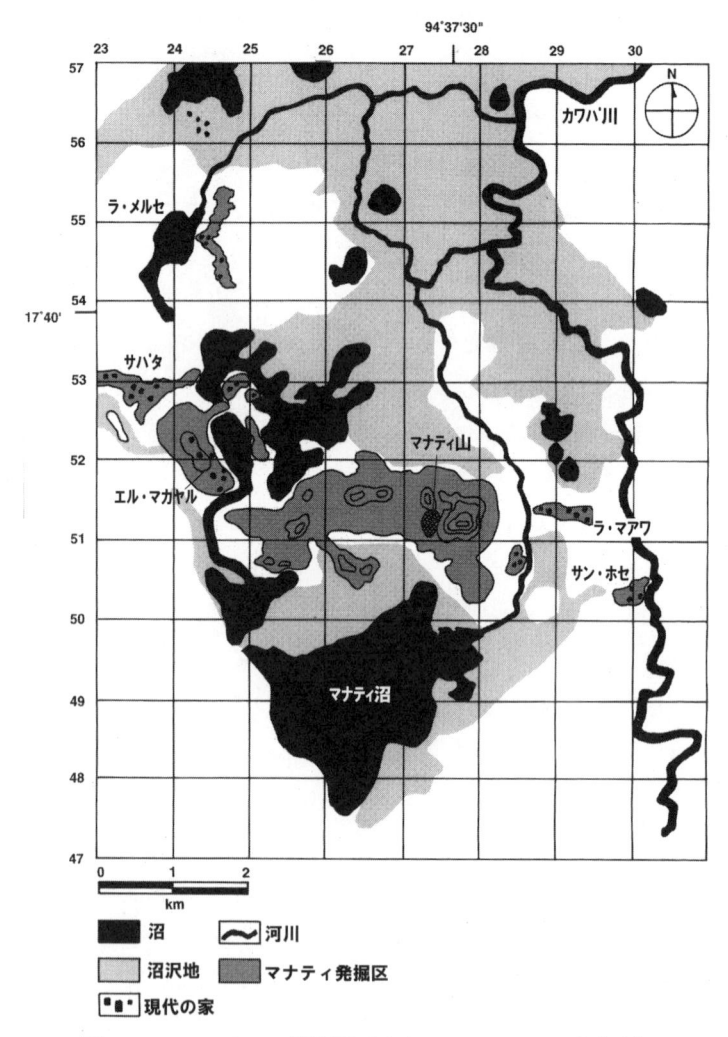

図30 エル・マナティ遺跡周辺図 (Clark, et al. 2000より作成)

ている。ゴムまり3個（径8〜12㎝）は一列に並んで置かれていた。

　マカヤル期には、2個の頭部破片を含む20体の木彫が出土した。木彫には顔の部分に赤と黒の彩色がみられるものもある。木彫は杖状木製品、幼児骨、有機物、赤鉄鉱の塊、T字状アスファルト製品、ヒカラの可能性が高い有機物製円盤状胸飾りなどと一緒に出土している。木彫近くから新生児の埋葬が出土している。意図的に加工された頭蓋骨に紐が結び付けられているものもあった。杖状木製品はヘビを形象するか、先が葉状になって槍状になっている。17号遺構では木彫3体と共に玉杖と思われる木製品が出土した。大きさは110（長）×2.5（径）㎝で、先がトリの頭状になっており、サメの歯が付けられている。赤-橙色に塗られていた。他にも赤と白の彩色がある棒状製品（断面8角形）の破片（25㎝）が出土している。これは、浮彫りされた部分に赤い彩色が施され、彫られた部分に白い化粧土が塗られているものである。砥石として使われたような痕跡がある大きな石の上にゴムまり（径20〜25㎝）2個が置かれていた。このゴムまりはゴム紐を巻くことによりつくられたようである。他のゴムまりは型入れでつくられたものもある。天然アスファルトの塊に石が差し込まれたものが出土している。3点あり、2点は黒曜石でもう1点はフリントである。結ぶために使われていたようである紐状のものがみつかっている。粘土塊も出土している。これらは胸像である可能性があるが、顔も確認できない。マナティ期のゴムまりの径は15㎝であったが、この時期以降（マカヤル期）25㎝径になる。球戯方法の相違があったと考えられている（Ortiz y Rodríguez 1994）。

ラ・ベンタ

　周辺の沼沢地より12m高い場所に位置する（図31）。ラ・ベンタ遺跡周辺の変化を分析した地形学研究によると、ラ・ベンタ遺跡に居住が始まった頃、遺跡はトナラ川河口に位置していたという。また、洪水や沼沢地の拡大がみられ周囲から孤立している（Jiménez 1990）。2 km²の面積を占め、10の建築複合から成る。

　この遺跡は1942、1943、1955年に調査され、出土した新資料をC14年代測定法にかけた結果、この遺跡は紀元前1000年頃にオルメカ文明の特徴を持って活動を開始し、紀元前600年には廃棄されたことが判明した。

　建築複合Fを除き、同じ基線を用いて計画的に建設されている。主要部分は、A、B、Cの各建築複合に分かれる。南端には砂質岩製の 3 基の人物座像石彫が出土している。320mの長さがあるスターリング・アクロポリスと呼ばれる建築複合は、その機能は不明である。そこからは水路に用いられたと考えられているU字型石製品が出土している。

　土製建造物が多くつくられ、規模も大きくなる。また、A-2建造物では玄武岩の石柱で石室をつくった墳墓がつくられた。高さ30m、径120mの土製建造物があり、その前には 4 基の怪物が浮彫りされた石碑が、下部をピットに入れ立っている。建築複合Eは居住用と考えられる。巨大な供物が 5 か所に置かれ、3000以上の遺物からなる30以上の供物が出土している。

　一方、この遺跡では、先古典期前期バリ期の土器などが出土し、住居に関連する遺構がみつかっている。ラ・ベンタ期前期には、複数の建造物から成る建築複合がつくられはじめる。ラ・ベンタ期後

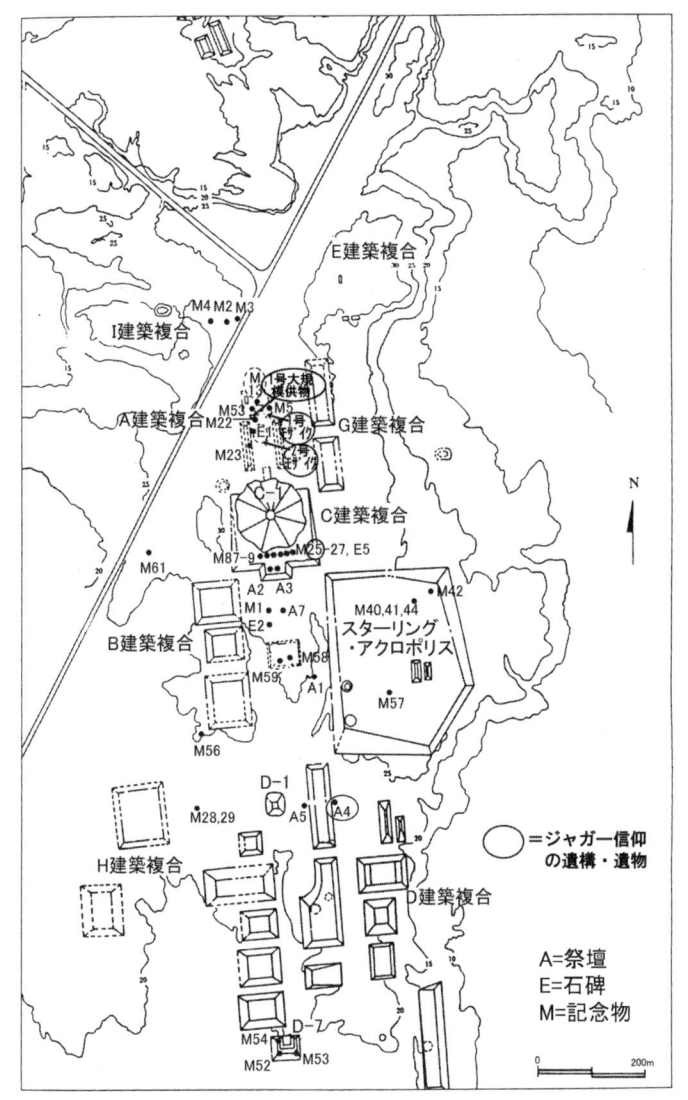

第4章　オルメカ文明の中心地とその周辺　*125*

図31　ラ・ベンタ遺跡平面図（González 2004より作成）

期には大きな建造物もつくられる（Drucker 1952；Drucker et al. 1959；Heizer 1968；Rust & Sharer 1988；González 2007）。

建築複合Aは、紀元前1000～600年に建設されたとされる。最後の建築期（紀元前700～600年）には、西偏8°の基線に従って計画された7基の建造物が立ち並んでいた。

第1期（紀元前1000～900年）には、整地をし低い堤状構築物を北の広場の周りにつくった。その中に建造物4基（A-1-c、f、gとA-2建造物）をつくり、その南に建造物1基（A-3）を建設した。これらの建造物に関連して4つの供物が置かれ、一連の床がつくられた。この時期に、最初の巨大な供物が置かれた。

第2期（紀元前900～800年）には、堤状構築物はアドベで拡張され、玄武岩のブロックが並べられた。前時期の建造物は、ピンク、黄、赤、紫色の粘土で拡張された。この時期に1つの建造物（A-1-g）では蛇紋岩が仕上げとして建物の表面に置かれた。地下に巨大供物1と4がつくられ、その上に階段状建造物（A-1-d、e）が各1基つくられた。この地下に置かれた巨大供物は、7mの深さの穴をつくり、そこに28列の粗製蛇紋岩ブロックを置き、高さ約2mの建造物をつくり、その上に綺麗に仕上げられた蛇紋岩ブロック約500個で幾何学的な文様をモザイクでつくった。その上に、階段状建造物2基（A-2-d、e）を建設した。A-2-d建造物のモザイクの上層から、十字型に並べられた鏡と磨製石斧の供物が出土している。A-2-e建造物のモザイクを覆う粘土の南西隅には、胸にペンダント（鏡？）を着けている人物座像（頭部を欠いている）が置かれている。

第3期（紀元前800～700年）には、すべての建造物が大きくされ、これらの建造物に関連して12の供物が捧げられた。1つの建造物

（A-1-f）の基部に16体の小石像を含む供物が捧げられた。北の広場にはピンク色の砂が敷かれ、外には玄武岩と蛇紋岩がアドベに付け加えられた。この時期に、巨大供物 3、5 がつくられた。巨大供物 3 は、A-1とA-2建造物の間に数百の蛇紋岩ブロックで 6 列の石列からなっている。4 mの深さで、20㎡の面積を占めている。A-3建造物の南には、巨大供物 5 がつくられた。これは第 2 期のモザイクに似ているが、きわめて簡略化されている。床面に近く、このモザイクを封印する建造物もなく、下部の構築物もない。南西部分が壊れ、その中央部の長方形部分に蛇紋岩が満たされている以外は、ほぼ、ほかのモザイクと同じである。

　第 4 期（紀元前700～600年）には、南広場のA-4とA-5建造物がつくられた。この時期を特徴づけるのは、北の広場にも敷かれた赤色の粘土の床である。この時期に巨大供物 2 がつくられた。A-2建造物に深さ 5 mの穴をつくり、赤色砂質粘土を15cmの厚さで敷き、その上に整形され磨かれた蛇紋岩製ブロックが南北方向に14mの長さで、数列置かれた。また、玄武岩の石柱200本以上が北広場の堤状部分に立てられた。同じ玄武岩の石柱でA-2建造物の墓Aがつくられた。この墓には若い人物 2 体が埋葬されており、ヒスイ製品などが副葬され、朱が全体を覆っていた。この建造物では墓E、Bが出土した。墓からは怪物が浮彫りされている一種の砂岩製石棺が出土している。石棺内では骨は出土しなかったが、ヒスイ製品などが出土した。これらは人が埋葬されたような配置になっていた。これは、ラ・ベンタ遺跡のある土地の土壌が酸性土のために骨が残りにくいためと考えられる。A-3建造物に関係した墓では 2 基出土したが、骨は残っておらず、副葬品が出土した。この地区からは15基の

石彫が出土した。1、3号石碑、5、13、23、63、68、77号記念物などである。建造物の前に置かれている4号祭壇は、上部に様式化したジャガーの顔が浮彫りされているテーブル状祭壇である（図14）。その下には、壁龕があり、中にはマスクを着けた人物が座っている。一方、15号記念物は、様式化されたジャガーの顔が上面に浮彫りされている四脚付テーブル状台座の破片である（図26）。建築群Aの中庭の南端にある、石柱を並べてつくられた階段の南より出土している。いずれも時期は特定できないが、ラ・ベンタの最後の時期にあったと考えられる。

トレス・サポテス

ロス・トゥクストラ山地西側の海岸平野に位置し、標高は90m前後である。山から流れている数多くの小川が谷をつくっているために、若干の地形の高低をつくりだしている。肥沃な低地はジャングルとなっている。やや高い部分ではシカ、バク、ジャガー、サルなどの動物相がみられる。遺跡はウエヤパン川の狭い谷がつくる斜面に位置している。川の西側には、2、3か所やや高くなっている台地状になっている部分がある（図32）。

ラ・ベンタの崩壊後、この地で先古典期後期に建造物の建設が始まり、古典期に続いていく。また、石彫などに、オルメカ文明の伝統が引継がれた（Pool 2000）。第1群は台地の上にあり、大きな建造物1基と小さな建造物3基から成っている。これらは広場の周りにある。広場には巨石人頭像があり北を向いている。第2群は第1群の北東にあり、この遺跡で最も高い建造物と最も長い建造物を含んでいる。この群の最も高い建造物の基部から7バクトゥンの日付

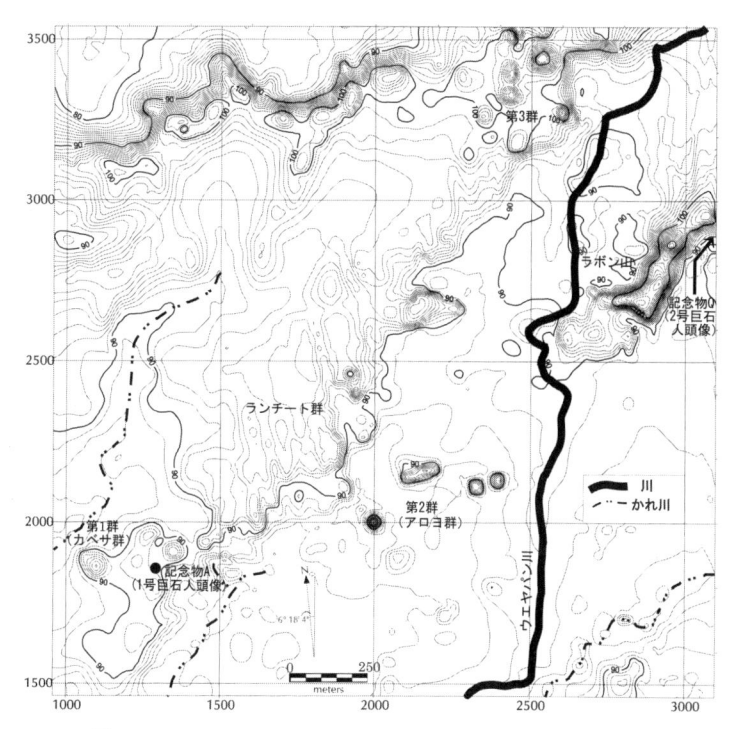

第4章 オルメカ文明の中心地とその周辺 *129*

図32 トレス・サポテス遺跡平面図（Pool ed. 2003より作成）

を持つ石碑が出土している。第3群はその北東にあり、数基の小建造物からなっている。ランチート群は中心となる台地の上に位置している小建造物群である。

2．周辺地域

メキシコ中央部：チャルカツィンゴ

メキシコ中央部のメキシコ盆地ではほとんどオルメカ文明の痕跡

がみられない。しかし、その周辺部であるモレロス州やゲレロ州で記念碑的なオルメカ様式の石彫がみられる。チャルカツィンゴ遺跡は、このメキシコ中央部の南部モレロス州に位置し、シエラ・デ・アフスコ山地の南側にある。この山地の東端にはイシュタクシワトル山（標高5300m）があり、遺跡の東にはアマチナック川が流れている。

　アマチナック盆地は最大幅が15kmあり、長さは50kmにわたるが、北はポポカテペトル火山の山裾に接し、東と南の境にはプエブラ州の丘が続き、西はクアウトラ谷に至る。土地はポポカテペトル火山に由来する堆積物で比較的平らな面が多いが、花崗閃緑岩の塊が地表より飛び出て山をなしている所が3つあり、山と盆地の平らな面との比高差は300m以上である。北のハンテテルコ山（比高差500m）と南のテナンゴ山の間に、デルガド山とチャルカツィンゴ山がある。

　チャルカツィンゴ遺跡はアマチナック盆地の西側に位置し、標高約1000mのところにある（図33）。チャルカツィンゴ山から北に向かって岩がちの斜面が続き、テラス状の平らな部分がある。さらに北には平らな土地が続き、小さな水源から流れている小川がみられるが、遺跡は水源に近くない。いくつかに分かれたテラス状の部分に遺構遺物がみられる。先古典期のものが大多数を占めるが、古典期後期のものもみられる。チャルカツィンゴ山では浮彫りの施された記念物1-5、13がみつかっている。デルガド山の洞窟などには壁画もみられ、37基の石彫が出土している。

　アマテ期（紀元前1500～1100年）の痕跡はテラスになっていない斜面部分に限られる。また、川原石が葺かれる建造物がつくられる。バランカ期（紀元前1100～700年）にほとんどのテラスが造成され

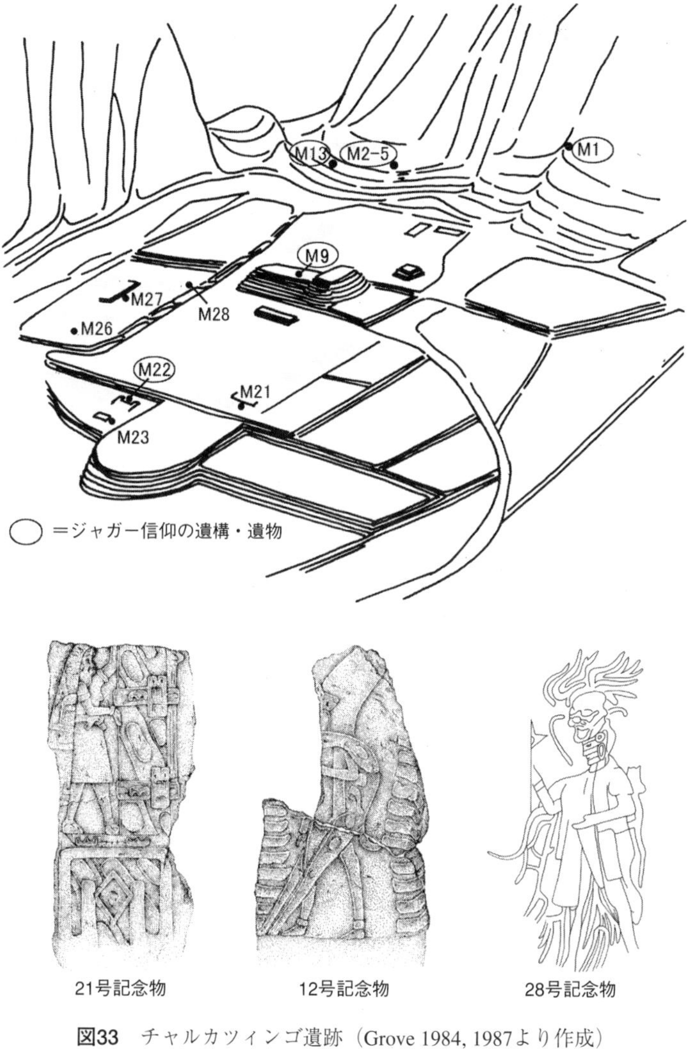

第4章　オルメカ文明の中心地とその周辺　*131*

◯ ＝ジャガー信仰の遺構・遺物

21号記念物　　　12号記念物　　　28号記念物

図33　チャルカツィンゴ遺跡（Grove 1984, 1987より作成）

る。また、球戯場らしい並行する建造物の一部や、住居らしい川原石の基礎部分が検出された。埋葬は石室がなく、伸展葬である。ヒスイ製品、土器が副葬される。

カンテラ期（紀元前700〜500年）に最盛期をむかえる。石が葺かれる建造物が多数つくられる。この時期に多くの石彫がつくられた。埋葬は伸展葬が多く、土器、ヒスイ製品と共に床下に埋葬される。竪穴石室などもあり、社会的差異もみられる。

先古典期後期の埋葬は屈葬が多い。口にヒスイが入れられることもあるが、ヒスイ製品は高貴さを示さないとされる。ジャガー人間の小像、二重環香炉、小型壺が高位の人に副葬される（Grove 1984；Grove ed. 1987）。

チャルカツィンゴ山の浮彫りの中にはジャガーを主題とするものがある。1号記念物（図22）は遺跡を見下ろす丘の岩壁にあるが、ジャガーの口の中に、箱状物を手に持ち頭飾りを着けた人物が、玉座に座っている。ジャガーの口からは渦巻文が前方に延びている。唇付近には植物が生え、上の雲からは雨滴が落ちている。13号記念物（図26）は丘の中腹より出土したが、1号記念物と同様に、唇の端から植物が生えている様式化したジャガーの口の中に人物が座っている。このジャガーの口は、建造物上から出土している9号記念物にも表現されている。一方、3号記念物は1号記念物とは谷を挟んだ位置にある岩石に浮彫りされており、サボテンのような植物の横で、ジャガーが人の腕を銜えている。この岩の反対面の4号記念物には、2頭のジャガーが、それぞれ、人の上に乗りかかっている。22号記念物（図21、図25）はブロック状の平石を組み合わせたテーブル状祭壇で、その側壁にジャガーの目と眉が表現されている。

ゲレロ州

先古典期前期に、テオパンティクアニトラン遺跡で土製建造物がつくられる。その後、石造建造物とオルメカ様式の石彫がつくられた。オストティトラン、フストラワカ、カカワシキ遺跡では洞窟に多彩色のオルメカ様式の壁画がみられる。チルパンシンゴ遺跡では、メソアメリカでは最も古い擬似アーチを持つ墓室が検出された。また、テピラ遺跡には、オルメカ文明の特徴を持つ岩刻画がある（Villela 1989）。

チルパンシンゴ

南シエラ・マドレ山脈の谷間、ウアパカ川の東側にあり、ゲレロ州の州都チルパンシンゴ市の標高約1300mのところに位置する。

水槽をつくる際に疑似アーチの墓などが出土したために、30m²の部分を緊急発掘した。このために遺跡の全容は不明だが、埋葬に関する遺構が検出された。墓室墓1基、石室墓2基、竪穴式石室墓2基と埋葬4基が検出されている（Reyna y Martínez 1989）。人骨以外には、土器33点、植物遺存体（トウモロコシ、コパル、ワタ、マメ）、酸化鉄、二枚貝が出土している（図34）。年代は紀元前1000〜700年とされる。以下、調査された遺構について説明する。

1号墓室墓：疑似アーチを持った石室で、2.20（長）×1.45（幅）×1.20〜1.85（高）mの大きさを持っている。側壁は石を積み上げ、その間に泥を詰めている。天井は平石を迫り出すことにより疑似アーチをつくっている。成人の2次葬で少なくとも5体ある。そのうちの歯1個には、C4型の歯牙変工がみられる。副葬品は土器と緑石製品であるが、大半は壊れており壁際に集められていた。その中にはオルメカ様式を持つ土器もある。西壁には入り口と考えられる

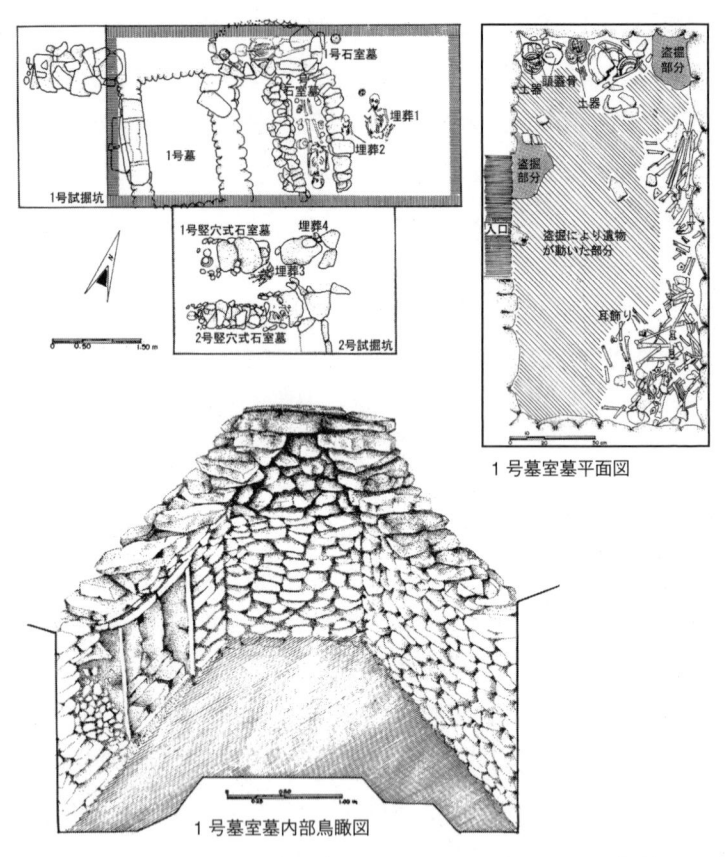

図34 チルパンシンゴ遺跡（Reyna R. y Martínez D. 1989より作成）

部分があり、大きな2枚の平石で塞がれていた。

1号・2号埋葬：1号埋葬は男で成人であり、近くに大きな壺形土器の頸部が置かれていた。1号埋葬の近くに2号埋葬がある。2次葬で、成人の骨と幼児の歯が出土した。近くで出土した石からもともとは竪穴式石室の中に埋葬されていたと推定される。

1号石室墓：壊されていたが、疑似アーチ状になっていたと思われる天井部分が残っていた。1次埋葬と2次埋葬がみられる。1次埋葬は、成人男子で伏臥伸展葬である。頭骨の近くと足の上に各1点土器が副葬されていた。2次埋葬は、その頭部近くにあり、頭蓋骨と数点の長骨であった。

2号石室墓：2.20（長）×1.30（幅）×0.60（高）mの大きさを持ち、大きな平石6個で蓋をしている。仰臥伸展葬の成人男子が約5cmのベンガラが敷かれた上に埋葬されていた。土器8点が副葬品として周りに置かれており、そのうち2点の土器は、1点にベンガラが入れられ、もう1点の土器が蓋になるように置かれていた。

1号竪穴式石室墓：90（長）×50（幅）cmの大きさを持ち、1個体の幼児の頭蓋骨と4点の副葬土器があった。

2号竪穴式石室墓：調査が不完全なため詳細は不明であるが、1.40（長）×0.50（幅）mの大きさを持っている。成人の伏臥伸展葬である。

3号・4号埋葬：3号は成人の頭蓋骨の破片、4号は幼児の頭蓋骨の破片である。

フストラワカ

南シエラ・マドレ山脈にあり、ゲレロ州の州都チルパンシンゴ市の南東に位置する洞窟遺跡である。モチトラン、ケチュルテナンゴを通り、コロトリパから約5.5km離れたところにある。ブランコ川沿いにやや北上し、この川の東岸を約60m登った標高約800mの地点にある（図24）。壁画の特徴から先古典期に属すると報告されている。地元の人びとが9月中旬と聖週間の時期に訪れている（Gay 1967）。

入口より約600mのところにやや広い「太鼓の部屋」があり、やや窪んだ壁龕状の部分に3つの赤い斑点がある。その先にはさらに広い「死者の部屋」がある。隣接する部屋と共に埋葬のための部屋とされる。ここは雨期には水没するが、方解石に嵌り込んでいる人骨（子供3体と成人8体）がみられる。入口より約945mの地点から水路が始まり、最初の壁画がみられる「儀式の部屋」まで、この水路はジグザグに約7.5m続いている。この部屋には壁画1が位置している。その奥の1200m地点に線画2、3があり、「線画の回廊」とされる。そのさらに奥の「ヘビの部屋」には、壁画2、3がある。この部分で行止りとなる。さらに奥には1930年代初めに開けられた部分があるが、地底湖があり水没している。

　壁画は赤、黄、黒の3色で表現されている。

　壁画1では、約1.65mの人物が右に立ち左の人物を見下ろしている（図26）。この人物は、顎髭を生やし、頭飾りを着け、赤と黄の横縞の衣類を着ている。衣装の配色はミルクヘビに似ているとされる。前にいる小さな人物に、先端が三方に分かれている武器状のものを突き付けている姿が、描かれている。両手、両足には、ジャガーの毛皮を着けているのか、黒い斑点が表現されている。股間から、ジャガーの尻尾が覗いている。また、左半身は、黒くなっている。この壁画の反対側の壁には屋根飾りを持つ建物が黒線で描かれているが、覆っている方解石でややみえにくくなっている。建物の下にカーブを描く曲線が描かれおり、山もしくは建造物らしきものの上に立つと考えられている。

　壁画2は壁より飛びだしている平岩に、ヘビを黒と赤で表現している。全長は2mを超す。舌と胴部は赤で彩色され、細部は黒色で

描かれている。目はX字文で表現され、眼の上には炎状眉が表現されている。

壁画 3 には、中心となる壁面に、約92（高）×130cm（幅）の赤に黒の斑点のある毛皮を持つジャガーが描かれている（図26）。近くの羽毛あるヘビに面している。

線画 2、3 は（図26）、2は40×60cmの大きさで、ヘビの頭部のすぐ下にジャガーの頭部が、黒い線で描かれている。また、それぞれの頭の下には、丸い記号のようなものがある。3 には、約106cmの高さがある人物が、ヘビとジャガーの前に赤い線で描かれている。この人物はヘビとジャガーとは反対方向に顔を向けている。また、衣装はフンドシ以外認識できない。

オストティトラン

ゲレロ州のアカトラン村の東 2 kmで標高2000mのところに位置している。アカトラン村から東にアテントリ川がある。そして、その東岸にはキオテペック山があり、さらに東にケツァスロストック山がある。この山の高みにオストティトラン洞窟があるが、丘陵の側壁の北と南に 2 つあり、下は断崖となっている。入り口部分はそれぞれ20mの長さがある。また、断崖の壁面にも壁画が描かれている（図24）。壁画の特徴から、先古典期に属しているとされ、先古典期の特徴を持つ土器が、洞窟近くから出土している（Grove 1970）。

①断崖の壁画

M-1は南の洞窟の断崖部分の基部から10m上にあり、3.8（幅）×2.5（高）mの大きさがある（図21）。大部分が青く彩色されている。フクロウらしきトリのマスク、X字文のある胸飾り等を着けた人物が、左手を上げ、右手を右膝に向けて伸ばしている。両腕には緑色

の装身具が着けられている。トリのマスクの目の部分には何か嵌め込まれていたような窪んだ部分がある。また、トリのマスクより下には赤・黄・緑羽の装飾があるマントが広げられている。白い縁取りのついた帯とフンドシと、渦巻文のある手形がみられるスカート状の衣装を着けている。足にはサンダルと思われる表現もみられる。体は正面を向いているが、頭・腕・脚は横を向いている。体は赤褐色だが、装身具は赤、青、黄色で彩色されている。様式化したジャガーの顔を表現した玉座に座っている。その両目にはX字文が表現されている。鼻は唇と上顎の中に表現され、2本の牙が出ている。下顎は表現がみられない。

M-2は3（幅）×4（高）mの範囲を覆っている（図26）。最も大きな壁画であるが、劣化によって大部分が識別不能である。下部にジャガーの斑点が、上部に人間の目が描かれている。ジャガーに関連する人物もしくはジャガーの皮を着ている人物を表現しているとされる。

②北の洞窟

この洞窟では一般に小さく黒で描かれている。この洞窟の壁面は鉱物と火起源の炭化物による汚れがみられる。

壁画1は北側のグループで、いくつかの壁画からなる。1-aは花を表現しており、4つの花弁からなる。中央の円形部分にはひとの横顔が表現されている。花弁と花弁の間には丸とその下に表現される3条の線からなる文様がみられる。1-eは写実的な横向きのフクロウである。2、3条の毛を立て、やや頭を傾けている。1-bはX字文のある楕円形から3条のやや曲がった線が延びている図が描かれている。ほとんど残っていないが、ジャガーもしくは爬虫類を表現

しているとされる。1-cは炭酸カルシウムに覆われてみにくくなっているが、爬虫類のような生物を描いている（図27）。牙がいくつか出ており、口から2つに割れた舌が伸びている。翼のようなものも表現されている。1-dは1.5×1.5mの大きさがある（図26）。明らかに性的な結合を表現している。立ち上がるジャガーと、その背後に男根を勃起させている人物が描かれている。人物は顔・生殖器以外は黒く塗られている。オルメカの特徴を持つ顔は口端が下がり、眼は切れ長である。頭はジャガーの方を向くがそれ以外は正面を向いている。右手をジャガーの方に、左手を後方に伸ばしている。頭飾りは単純で、飾り立てられていない。ジャガーは横向きに表現されており、頭だけやや後ろを向くようになっている。口は開いて唸っているようである。歯が表現され、口の部分に赤い彩色の痕跡がみられる。胴体部には花のような斑点や渦巻文がみられる。その下腹部辺に、生殖器と考えられるものが表現される。壁画1の基部には赤と黒で彩色されているが何が表現されているかは不明であるが、もう1つのジャガーの怪物の一部を表現されているとされる。

　壁画2は異なる2人の人物の右手の手形である。壁画3は天井部にある長さ20cmの小さなものである。長くとがった嘴もしくは鼻、少し長い牙状の歯を含む4本の歯、丸くなっている舌と渦巻状部分から成っている。顔の上と下にそれぞれ3つの円が表現されている（図27）。壁画4は幾何学文である。壁画5は10cmぐらいの高さを持ち、オルメカ文明に表現されるベビー・フェイスが描かれている。壁画6は、同定できない動物のような人のような表現がみられる。壁画7は20cmぐらいの大きさを持っている（図27）。単純なヘルメット、爬虫類状の口マスクを着けたベビー・フェイスの人物頭部の

横顔である。目は明確に描かれ、その上には炎状眉が描かれている。口を覆っているマスクには 3 本の歯が表現されている。口の前の渦巻文は最も早期の話すことを示す文字かもしれないとされる。壁画 8 は十数個の赤い羽を外側に付けている円形物である。円形物は内側にいくつかに区画された帯状部分を持っている。壁画 9 は壁画 8 の一部と思われる。渦巻文が赤い線で表現されると思われるが詳細は不明である。

③南の洞窟

　北の洞窟と対照的に赤で単純な幾何学文が表現されている。3 つの地区に分けられる。

　A地区には15以上の小さな壁画が表現されている。A-1はアカトランの村人たちから「悪魔」と名づけられている。文字のような要素から成り立っている。いちばん上には 7 つの指を持つ手形、その下にはX字文に乗るように 5 つの曲線が描かれる。その下は、葉状の文様が 4 つ等間隔についているX字文を持つ円形である。そして、いちばん下は山を示す文字に似る 2 つの渦巻文である。A-2は不鮮明であるが、跪く人物を表現しているとされる。A-3はトラロックの顔を表現している。ゴーグル状の目と口の上と下に伸びる数条の線が表現される。

　B地区はA地区の南に位置している。多彩色の壁画と黒色の壁画を各 1 つ含む。B-1は緑色顔料の痕跡を少し含むが、詳細は不明である。B-2は人物と跳ねるシカを赤と黒で表現している（図27）。部分的に角張るところがある。B-3はジグザクと直線の連続である。

　C地区は洞窟中央の天井部分に近いところに位置している。独立した幾何学文が多い。

テオパンティクアニトラン

　南シエラ・マドレ山脈にあり、アマクサック川とメスカラ川に挟まれたやや平らになっているとことにある（図35）。標高約600mである。1.6km²にわたり遺跡が広がっており、3群に分けられる。A群はレオン山の北東斜面に位置し、その周りは自然地形で守られている。B群はA群の北東に広がる平らな部分に位置し、西偏18°の基線に従って配置された小さな建造物数基と建造物1基から成っている。C群はA群から1.5km北東に位置している。球戯場2基、大建造物2基、小建造物数基と広場から成っている。中心となる部分は3時期に分かれる（Martínez 1986）。

　1期（紀元前1200～1000年）では、32（長）×26（幅）×1.2（高）mの土製建造物で、半地下式広場とそれをめぐる回廊から成る。半地下式広場は後世の改変を受けているために実際の大きさは不明である。南側の階段部分には様式化されたジャガーの顔が表現されている。この建造物は南の建造物に続いている可能性がある。

　2期（紀元前1000～800年）には、石灰岩のブロックが使われるようになり、土製建造物を覆っている。土の床面に溝を掘りその部分にブロックが並べられている。また、ジャガーを表現している凸型の石彫（1-4号記念物）はこの時期に相当し（図35）、半地下式広場の壁近くから出土している。報告者は、記念物4基が壁の上にあった可能性を示している。中庭部分には川原石と土でつくられた7×3mの小建造物が平行につくられている。また、春分の日には、北東の石彫と南西の石彫の影が日の出と日没にこの平行にある象徴的な球戯場の中央に延びる。この時期に、1つの建造物から延びる70～90（幅）×90～150（深）cmの水路が約100mにわたってつくら

142

遺跡平面図

遺跡主要部

1号記念物

2号記念物

3号記念物

4号記念物

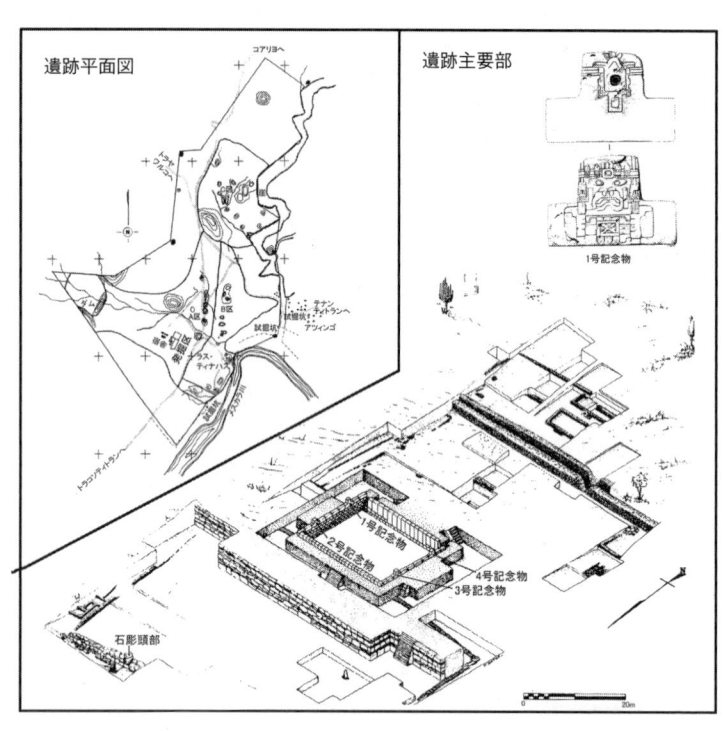

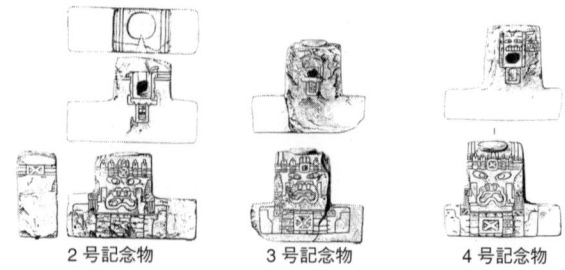

図35 テオパンティクアニトラン遺跡（Martínez 1985より作成）

れる。水路は120〜190（長）×50〜75（幅）×20〜40（奥行）の石灰岩でつくられる。また、A群の西側の山の谷部分にダムがつくられたが、これは湧水点から湧き出る水や山から流れる水を受け止めており、水路に続くと考えられる。

　3期（紀元前800〜600年）は、A群の境界を構成している6基の建造物と中心となる建造物の北側拡張部分である。このうちの1つの建造物からオルメカ様式らしき頭部石彫が出土している。拡張部分は6（幅）×55（長）mで粗製の石ブロックでつくられた。拡張部分を構成する石には彫られた部分を持つものもある。拡張部分前の東側に素面の石碑が立っている。この建造物の西側に動物形象祭壇があり、ブロック状の石が石碑のように立っていた。この石の南と北に5つの埋葬が出土した。成人1体には土器1点が副葬された。4体は子供で、そのうちの1体の子供の埋葬近くに肉食動物2体がみつかった。埋葬の西側にはゴミ捨て場がみつかった。拡張部分前の東側には、水路の上に24.6×19.5×2.5（高）mの3号建造物がつくられた。内部のより早期に平石でつくられた建造物は、2期に相当すると考えられる。3期に属する建造物は、水路から持ってこられたと考えられる大きな石ブロックでつくられている。点と線でV字状のモチーフを構成している。V字の両下には3個の円形の石ブロックを置きその上に長い石ブロックでV字をつくり、その上に3個の円形の石ブロックを乗せている。6.0（幅）×30（奥行）cmの壁龕も観察できる。この建造物はA群の境界を構成する6基の建造物のうちの1つである。また、この3号建造物は2号建造物と共に球戯場としてつくられた。

メソアメリカ南東部太平洋側

　この地域は先古典期前期より進んだ文化がみられる。バラ期に初めて大きな建造物がつくられ、オルメカ文明の影響はクアドロス期に初めて現れる。また、石斧の供物はテワンテペック地峡を越えてメキシコ湾岸から来たようであるが、ミラドール、チアパ・デ・コルソなどの遺跡でその影響がみられる。この習慣はマヤ中部低地まで広がっている。記念碑的石彫は限られた遺跡でしか出土していない。

　テワンテペック地峡から太平洋岸にいたる地域に位置するツツクリ、ティルテペック遺跡では数基の石彫がみられる。また、ピヒヒアパン遺跡では川岸近くの大きな自然石にオルメカ様式の浮き彫りがみられる。チアパス高地からマヤ中部低地に至る斜面にはショック遺跡があり、ここでも大きな自然石にオルメカ人が浮彫りされる(図36)。グァテマラ高地のラ・ラグニタ遺跡でもオルメカ様式の浮彫り、サン・クリストバル遺跡ではオルメカ様式の小像頭部が出土している。

　一方、タカリク・アバフ遺跡ではオルメカ様式の石彫が再利用され、後世の建造物の前に置かれている。また、メソアメリカ南東端のチャルチュアパ遺跡では、中心部より離れたラス・ビクトリアス地区でオルメカ様式の人物4人が大きな自然石に浮彫りされている。また、さらに北上すると、コパン遺跡でオルメカ文明の影響がみられる土器、さらに北東にあるヨホア湖畔にあるロス・ナランホス遺跡ではオルメカ文明の影響があると思われる石彫などが出土している。

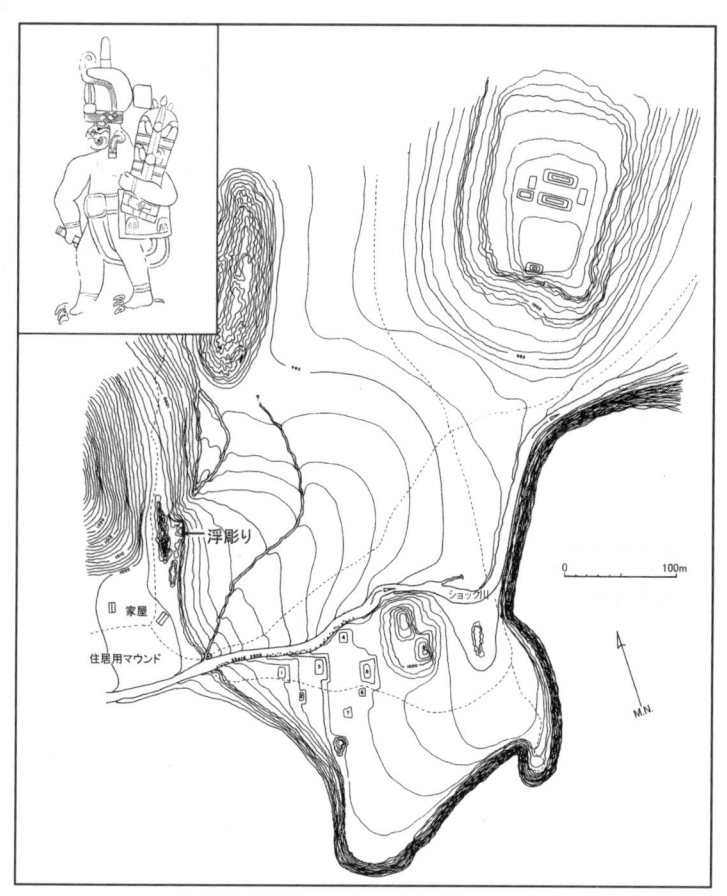

第4章 オルメカ文明の中心地とその周辺 145

図36 ショック遺跡（Ekholm 1973より作成）

ツツクリ

　テワンテペック地峡の太平洋側の海岸平野にある（図37）。火山活動の結果残されたチアパス州のシエラ・マドレ山脈の南端に位置し、標高は約50mである。切立った山々からの急斜面の麓にある狭

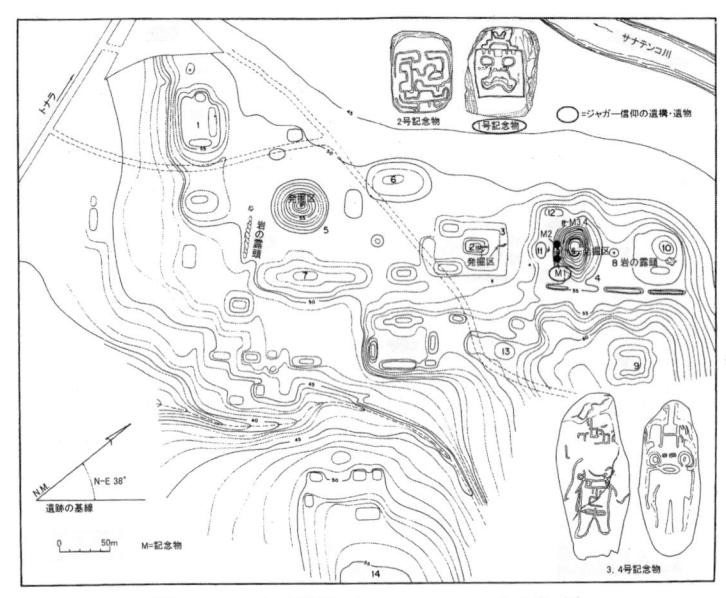

図37 ツツクリ遺跡（McDonald 1983より作成）

い海岸平野との境にある。また、南東にはベルナル山が聳えていて、海岸には緩やかに傾斜している。遺跡は海から12km内側に入ったところにあり、この地域では数少ない乾期でも水が絶えないサナテンコ川の南岸にある。

河岸近くの小高い所に、25基の建造物が観察されるが、基線の違いによって2群に分けられる。4号建造物を含む群は基線が東偏38°であり、シエラ・マドレ山脈のトレス・ピコス山に向いているとされる。また、7号建造物とB建築複合を含む群は西偏52°の基線に従っている。サナテンコ（紀元前1100～850年）、トレス・ピコス（紀元前850～650年）、アリスタ（紀元前650～450年）、ツサンテコ（紀元前450～300年）の各期に分けられる。サナテンコ期に居住が

始まり、トレス・ピコス期に土製建造物である1、4、5、7号建造物がつくられはじめる。アリスタ期には1号建造物は放棄されたが、他の建造物は拡張された。この時期に1、2号記念物が4号建造物の階段の両脇に置かれた。ツサンテコ期には、建造物の拡張とA建築複合がつくられた。また、祭壇、石碑などが建立された。

4号建造物の階段の両側に、石彫が立っていた。階段に向かって右側に様式化したジャガーの顔が線刻されていた1号記念物が、左側にきわめて様式化したヘビの顔が線刻された2号記念物があった。また、4号建造物南西角には竪穴式石室が検出され、その長軸西側には石室に接して祭壇が置かれ、その北と南に3、4号記念物が立っていた。この記念物2基はオルメカ文明の特徴を持つ人物が線刻と浅浮彫りで表現されていた（McDonald 1983）。

タカリク・アバフ

メソアメリカ南東部太平洋側に位置し、グァテマラ高地から太平洋に向かって下っていく斜面の途中にある。標高600mで、高地と太平洋岸を結ぶ要地に位置している。建造物の広がりは6.5㎢ある。南北に長い舌状台地の上に位置している。東西にはそれぞれイシュチヤ川とシャブ川があり、この遺跡の境界を成している。

大きな建造物だけでも70基が確認されており、これらの建造物は9つのテラスの上に配置されている（図38）。また、100基ぐらいの石彫が確認されているが、彫刻されているものとされていないものがある。様式もオルメカ様式と早期のマヤ様式が混在している。大きく、北、西、中央の3地区に分けることができるが、第4の地区は南に5kmほど離れたところに位置している。

このなかで中心となるのは中央の地区で、5つの人工的に作られ

148

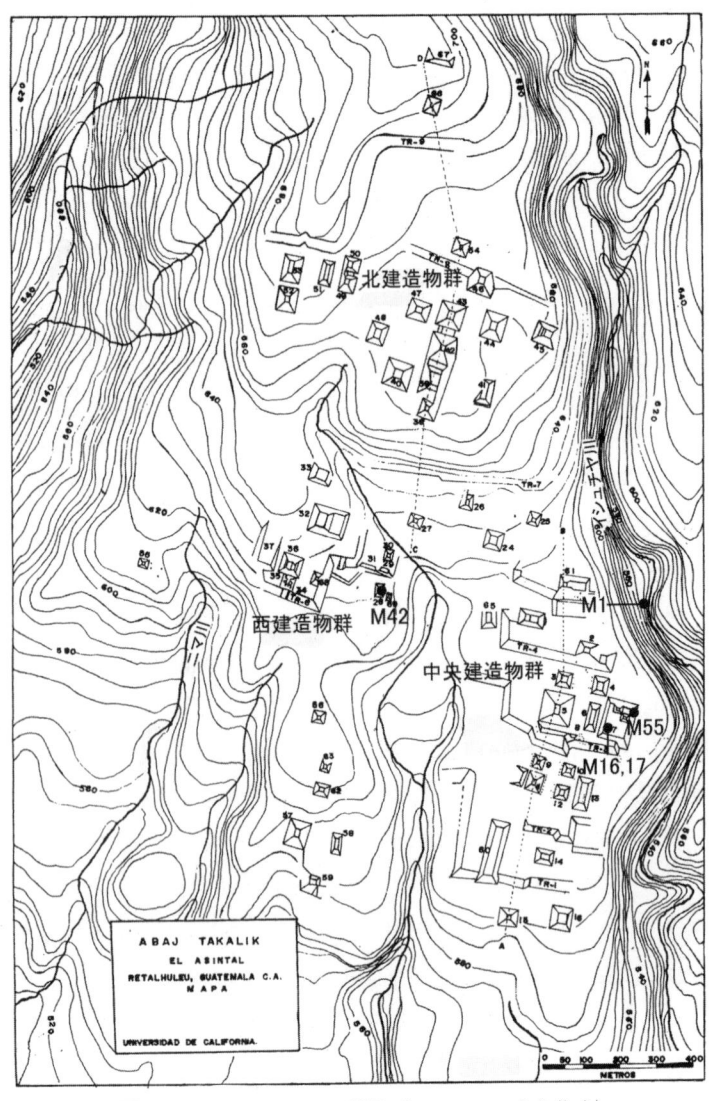

図38 タカリク・アバフ遺跡（Orrego 1980より作成）

たテラスの上に16基の建造物が構成する3つの広場がある。北の広場には居住用とされる3基の建造物がある。中央広場は3号テラスの上にあり、6基の建造物がある。5号建造物は最も高く15mの高さを持っている。石彫が建造物に関連して置かれており、政教両面でこの遺跡では重要な位置にあったとされる。南広場は6基の建造物があり、多くの素面若しくは彫刻された石彫がみられる。ここは、重要な地区への入口と考えられ、高い地位の人びとが居住していた部分と考えられている。

北の地区は中央の地区より800mほど北に位置している。17基の建造物が7号テラスの上に配置されている。大きな建造物が多く、中央の地区とは異なっている。しかし、記念碑的な石彫はみられない。西の地区は中央の地区から700mほど北西に位置している。小さなサン・イシドロ川を挟んで西側に、大小の建造物10基が観察される。ここでは石彫が数基みられるが、居住区とされていたと考えられている。

最も早期の遺物は、先古典期前期（紀元前1000～800年）に相当する。しかし、建造物などがあったかは不明である。テラス2の南端近くでは先古典期中期（紀元前800～400年）の土製建造物がつくられ、3基の建造物がみつかっている。球戯場のような役割をしていたと考えられている2基の建造物は、8×23×1（高）mの規模を持ち、東偏20°53'の基線に従ってつくられていた。しかし、この建造物は先古典期後期（紀元前400～紀元後250年）には、埋められてしまった。また、先古典期後期は川原石を積み上げその間に粘土を詰めて建造物をつくっている。11、12号建造物の建設時期は先古典期後期である。東偏16°の基線に基づいて建設されている。また、

12号建造物は56×40×5（高）mの大きさがあり、前の時期のオルメカ様式の石彫を建造物の前に再配置している。この建造物は当初5段の平面方形の土製建造物であった。その後の改変により、石を仕上げに使うようになった。その後、建造物の4つの角が内側に入り込むような形に改変された。

石彫は239基確認され、139基で彫刻がみられる。68基は石碑で、32基が祭壇である。そのうちでは、1号記念物をはじめとして15基以上のオルメカ様式に関連がみられる石彫が出土している（図39）。1、25号記念物はイシュチヤ川西岸に、64号記念物はサン・イシドロ川東岸にあった。7号建造物の上からは14～17号記念物が出土している。12号建造物の西正面に8、9、65、67号、南側に69号記念物が置かれていた。28号建造物と関連して、2、42号が、3号テラスの北東端から55号記念物が出土している。また、これ以外にも、初期のマヤ様式と思われる石彫が出土している。

チャルチュアパ

メソアメリカ南東部太平洋側に位置する。太平洋側の斜面を登り、アパネカ・リャマテック山脈を越えたところに広がるアワチャパン－チャルチュアパ盆地に位置している。標高は約700mである。

ラス・ビクトリアス、エル・トラピチェ、カサ・ブランカ、タスマル、ペニャテなどの地区に分かれており、58基の大きな建造物と87基の小さな建造物からなる（図40）。先古典期前期から居住されていた痕跡がみられる。先古典期はトック期（紀元前1200～900年）、コロス期（紀元前900～650年）、カル期（紀元前650～400年）、チュル期（紀元前400～200年）、カイナック期（紀元前200～200年）に相当する。2基のオルメカ様式石彫が出土している（Sharer 1978）。

第4章 オルメカ文明の中心地とその周辺　*151*

1号記念物

16、17号記念物

55号記念物

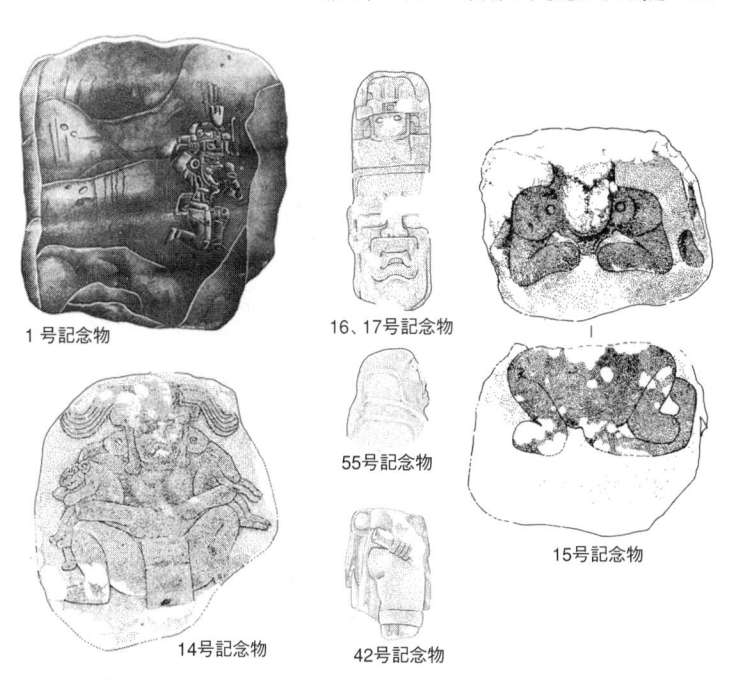

15号記念物

14号記念物

42号記念物

図39　タカリク・アバフ遺跡の石彫（Orrego 1980より作成）

　ラス・ビクトリアス地区でオルメカ様式の石彫が出土している。178×226×201cmという大きな自然石に浮彫りが施されており、西側に人物A、南側に人物B、東側に人物C、北側に人物Dが浮彫りされている。

　人物A（図40）は、南に向かって歩いている。後ろに垂れ飾りを持つ頭飾り、マント、フンドシもしくはスカート状の衣裳、そして胸に首飾りを着けている。左手と左足は破損している。未確認の物体を持って運んでいる。目の部分は膨らんでいる。また、鷲鼻で口の端が下がる口元をし、下顎が出ている。

152

カサ・ブランカ
地区出土石彫

ラス・ビクトリアス
地区出土石彫

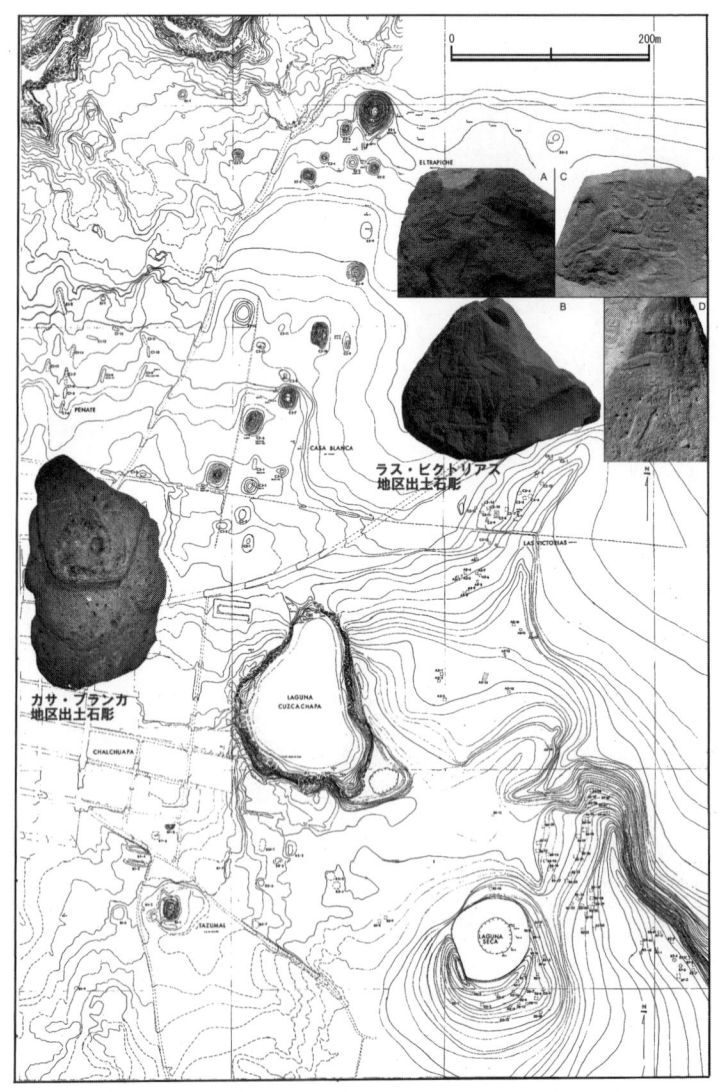

図40 チャルチュアパ遺跡（Sharer, ed. 1978他より作成）

人物Bは鋸歯状になった表面を東に向かって杖を持って歩いている。この杖は上部に球状のものが付いている。頭部には上部に球状の飾りがついた頭飾りをつけている。人物Aよりも大きく波状になるマントを着けている。胸元には人物Aよりも大きな垂飾が付いている。目は切れ長である。鼻は人物Aよりも顕著な鷲鼻である。口元は両端が下がっている。下顎も人物Aよりも出ている。他の人物は耳が隠れているが、この人物は右耳がみえている。

人物Cは、他の人物たちよりも丁寧に浮彫りされている。南を向き胡坐を組んでいる。ツバ付の頭飾り、フンドシ、胸飾り、マントを着けている。上部に球状の物が付いている太い杖状の物体を抱えている。頭飾りの一部と右足が欠けている。目の部分は膨らんでいる。鼻は広く平らである。様式化された口は、端が下がっている。下顎は角張っていて、ガッシリしている。顔の表情は詳細が確認できていない。

人物Dは、東を向き歩いている。ツバの広い頭飾りと円形の胸飾りを着けている。上部に球状の飾りがついた杖を抱えている。両手は失われている（Boggs 1950）。

カサ・ブランカ地区で、オルメカ様式の座像が出土しており、その大きさは、97×61×62cmである（図40）。この石彫は正座をし、両腕を曲げ項に両手を置いている。顔は幅広で、口は両端が下がる。着衣は何も確認できない。装飾のないヘルメット状の頭飾りを着けているようである。目は隅丸で長細い。眉間を寄せて、ブロック状になっている。鼻は幅広で、口とつながっているようで、ジャガーが吠えているような形をしている。

3. 周辺地域からみたオルメカ文明

日本での中国文明の出現を例として

オルメカ文明は狩猟採集から農耕に移行する時期にあった。狩猟採集から農耕に移行していったという視点から日本をみると、時期的には縄文時代から弥生時代に相当する。中国文明の日本における出現はこの時期から顕著になるが、メソアメリカ南東端におけるオルメカ文明の出現も農耕が大きな比重を占めつつある時期に相当している。東アジア地域とメソアメリカ地域の辺境部での先進文化の出現は同じような状況にあったといえよう。

メソアメリカでは単純にオルメカ文明の広がりを征服や支配といった観点からみることが多いが、単純に征服や支配から説明できないこともある。ここでは、メソアメリカの南東端における先進文化の出現を、同じモンゴロイドが住む東アジアの極東である日本での状況と比較し、従来とは異なった視点からこのメソアメリカにおける現象をみることとし、東アジアにおける日本での中国文明の出現という事例から、オルメカ文明の広がっていた要因を考察したい。

メソアメリカと東アジアを比較してみると先進地域である中国とオルメカの中心メキシコ湾岸は、後進地域である日本やメソアメリカ南東端に影響を及ぼした。しかし、後進地域ではその受け取ったものを改変していた可能性がある。メソアメリカ南東端ではオルメカ文明の成果を受け取り、改変した。しかし、オルメカの影響を受けずに独自の文化を成立させた都市カミナルフユもあった。

オルメカ文明の影響がみられる南東端であるチャルチュアパ遺跡

ではメキシコ湾岸のオルメカ文明と似ている要素がみられる。しかし、オルメカ人らが征服もしくはその政治的権力を伸長したような痕跡はみられない。チャルチュアパ遺跡とメキシコ湾岸のオルメカ人たちとの間には外交関係もしくは交流があったと考えられる。また、オルメカ文明が栄えていたメキシコ湾岸で発展した先進技術である土木技術や農耕をチャルチュアパ遺跡では何らかの方法で導入した。これを東アジアでの日本と中国の状況に当てはめてみると、オルメカ先進地域にある都市ラ・ベンタに対するメソアメリカ南東端のチャルチュアパ遺跡の朝貢もしくは使節の派遣といった形も考えられる。そうして輸入された技術の中には土木技術や農耕に関係する技術もあった可能性も考えられる。また、支配の象徴として磁鉄鉱の鏡や玉杖といった支配を象徴するものを得ていたということも考えられる。

一方、チャルチュアパ遺跡では初期マヤ文明の痕跡もみられる。たとえば、マヤ文字や石碑と祭壇の組合せがある。先古典期後期になると、チャルチュアパ遺跡ではメソアメリカの他地方の進んだ技術を取り入れようとした。オルメカ文明の後に、メソアメリカ南東部で勢力を得たマヤ様式を持った都市の文化を導入していたのである。この時期にもオルメカ期と同様に征服されたような痕跡はみられない。

さまざまな事例に目をとめて

遠い距離を隔てた2つの事例を扱ったが、そこにはきわめて興味深い現象があった。チャルチュアパ遺跡に関する文字記録はないが、オルメカ文明の進んだ技術を持った集団がチャルチュアパ遺跡にや

ってきたことは明白である。そして、チャルチュアパ遺跡にはない要素を持ち込んだ。しかし、チャルチュアパ遺跡にみられる遺物などからみると、そうした要素は取捨選択され改変させられた。

　日本では中国から進んだ技術が持ち込まれ、同様にして権威の象徴である青銅鏡も持ち込まれた。そのようにして、農耕に関する技術も稲と共に水田をつくる土木技術がもたらされた。一方、メソアメリカ南東部ではオルメカ人たちが重要視するヒスイや黒曜石の鉱脈がある。この鉱脈はグァテマラ高地に位置している。こうした物資の交易もしくは交換によって、土木技術や農耕技術がメソアメリカ南東部もしくはグァテマラ高地までもたらされた可能性がある。同様にオルメカ文明の進んだ石彫製作技術がもたらされ、これらの技術によって、太平洋側斜面のティルテペック、タカリク・アバフ、ラ・ブランカなどの遺跡にみられるオルメカ様式の石彫が製作された。このようにして、石彫製作技術がメソアメリカ南東端にあるチャルチュアパ遺跡にもたらされたと考えられる。

　また、こうした進んだ技術と共にオルメカ社会の高位の人物もやってきた可能性もある。日本の場合には、中国もしくは半島出身の家族が渡来して土着し、日本社会の重要な地位に就いた。これは、彼らの出身地の進んだ技術の恩恵にあやかったのであろう。メソアメリカ南東部でも同様なことが考えられる。オルメカ人たちが高い技術力を携えてチャルチュアパ遺跡という地方社会で重要な地位に就き、そのうちの誰かがチャルチュアパ遺跡の支配者になったこともあるかもしれない。

　このように考えていくと、そうした支配者がチャルチュアパ12号記念物を製作して、即位を記念した可能性も考えられる。カミナル

フユ遺跡ではオルメカ様式の記念碑的な石彫がみつかっていない。タカリク・アバフ遺跡ではオルメカ様式の石彫とマヤ様式の石彫が出土している。メソアメリカ南東部太平洋側でのオルメカ文明の受容にはさまざまな形態があったのである。

　一方、この地域では持ち運びやすいオルメカ様式石彫も出土している。ホンジュラスのオランチョにあるハト・ビエホ洞窟ではヒスイの坐像がみつかっており（Cruz C. y Silva 2007）、メキシコ湾岸とメソアメリカ南東部の精神文化に何らかの交渉があったことを示している。ハト・ビエホ洞窟の事例を考慮すると、オルメカ文明にみられる洞窟に対する信仰を持ってきたことが考えられる。オルメカの洞窟への信仰は、メソアメリカ南東部では他の形で表現されることもある。洞窟を怪物の口として表現しその中から現れる人物を主題とした石彫がそれにあたる。

第5章　オルメカ文明と同時期の文化

　オルメカ文明が栄えるメキシコ湾岸地域以外でもさまざまな文化が栄えた。本章では、オルメカ文明の影響が少ない地域を中心にして、メソアメリカ各地方の先古典期前期から先古典期後期までの文化を概観する。

　メソアメリカ各地方の文化を比較すると、ゲレロ州を除くメキシコ西部地方とマヤ北部では、オルメカ文明との関連をみつけ出すのは難しい。なお、オルメカ文明が栄えたメキシコ湾岸南部、オルメカ文明と関係の深いメキシコ中央部モレロス州、ゲレロ州などについては第4章で詳しく解説したので、本章では、土器編年について簡単に述べることとする。

1．メキシコ西部

　メキシコ西部では、考古学調査が少ないため、先古典期の状況は不明な点が多い。メキシコ中央高原北部グァナファト、サカテカス、ドゥランゴ各州は、先古典期中・後期の資料がきわめて少なく、全体像が不明である。ゲレロ州では、プエルト・マルケス遺跡のポックス・ポッタリーの炭素年代測定は紀元前2440±140年であり、メソアメリカ最古の土器とされる。しかし、後に続く土器が明らかになっていない。また、テオパンティクアニトラン、チルパンシンゴ、

アトプラ、ソチパラ遺跡などのオルメカ文明に関連する遺跡が知られるようになると、ゲレロ州は他のメキシコ西部とは文化が異なることが分かってきた（伊藤 2010）。ここでは、ゲレロ州以外とゲレロ州に分けて説明することとしたい。

ゲレロ州以外のメキシコ西部

コリマ州では、紀元前1500年に相当するカパチャ期が、土器とC14年代測定によって推定されている。カパチャ期の土器はコリマ、ハリスコ、ナヤリ州でみられるが、シナロア州にはみられない。

チャパラ盆地のテウチトラン遺跡では、竪坑墓の出土遺物が先古典期前期の年代を示している。また、マウンド－墓複合からサン・フェリッペ期、アレナル期の遺物が出土した。先古典期中期には若干の遺跡が知られるのみだが、先古典期後期には遺跡数が増加する。

サユラ盆地では、先古典期後期に相当するウスマハック期、先古典期末から古典期前期に相当するベルディア期が、発掘調査から明らかになっている。先古典期後期には、特徴ある土器がチュピクアロ遺跡を中心としてメキシコ西部、メキシコ中央高原などに分布している。また、チュピクアロ文化を4区分し、先古典期前期までさかのぼる可能性を示している。しかし、先古典期前期を認定できるのは土偶のみであり、土器では確認されていない。オルメカ文明と関連するとされるサン・アンドレス十字文に似ている文様がみられるが、そのほかにはオルメカ文明の遺物と似ているものは少ない（伊藤 2010）。

先古典期前期には、カパチャ期の遺跡がコリマ、ハリスコ、ナヤリ州にみられ、主に海岸地帯に立地している。埋葬以外をみると、

住居址などについてはわかっていない。一方、竪坑墓はエル・オペニョ遺跡が最も古く、紀元前1500年とされる（図41）。遺物はカパチャ期の土器と類似している（Weigand & Beekman 1998）。

その後、竪坑墓文化はアレナル期まで続く（Mountjoy 1989）。エル・オペニョ遺跡などでは、単純に穴が掘られてつくられる竪坑墓もあるが、竪坑墓の上に基壇がつくられることもある。

次のサン・フェリッペ期はあまりよくわかっていないが、徐々にチャパラ湖周辺に竪坑墓文化が広がっていった。一方、アレナル期には、円形の中庭を囲むように基壇が配置される。また、2 km径の居住区が 7〜10kmぐらい離れたところにあり、いくつかの居住区に分かれている。竪坑墓は、円形建造物内か近接した部分より検出されることが多い。また、最大で 5 室の墓室を持つ竪坑墓がみつかっている。竪坑墓は主に竪坑の深さによって 3 類に分けられており、4m以上（複数の墓室）＝記念碑的、2〜4m＝半記念碑的、2 m以下＝非記念碑的（ブーツ状）に分類されている。前者 2 類は儀礼的円形区画と関連しているが、非記念碑的な類型はそれ以外の地区から検出されている。

ウィチラパ遺跡では、中庭を中心に十字形に配列された基壇 4 基のうち、南の基壇中央から竪坑墓が検出されている(図41)。約 8 mの深さに墓室の入り口があり、北と南に墓室がみつかった。北側に 3 体、南側に 2 体埋葬されていた。副葬品は、多数の土器、土偶、貝製品（首飾り、鼻飾り、貝輪、ほら貝など）、ヒスイ製品（ビーズ、小像、耳飾）、石斧、メタテ、石製品（粘板岩製円盤、石英製ビーズ）、網代などが出土している。遺物と関連する炭化物の年代測定から先古典期後期とされる。他の竪坑墓からは、黒曜石製品、

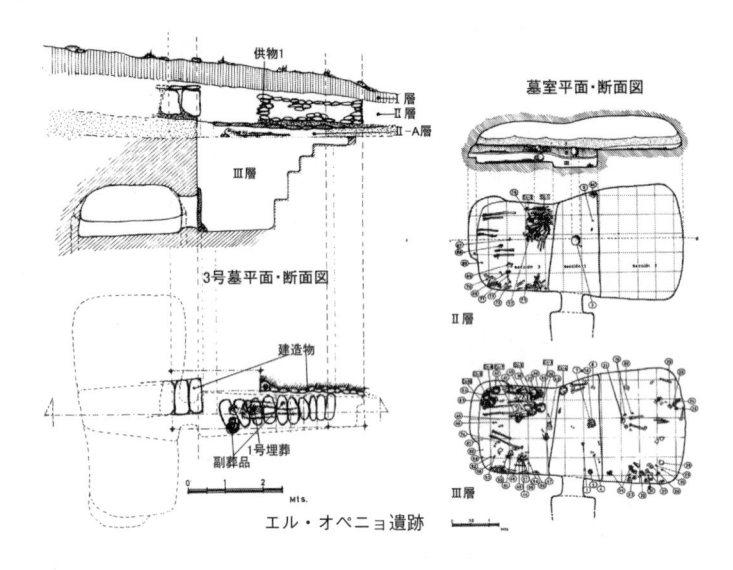

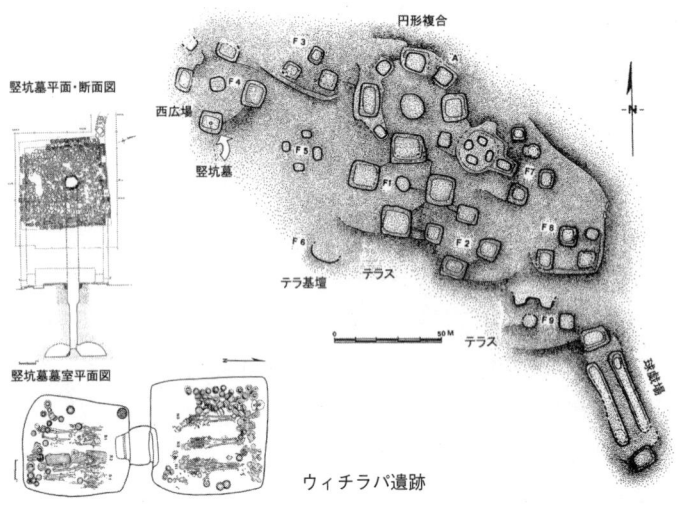

図41 メキシコ西部のエル・オペニョ遺跡とウィチラパ遺跡
（Oliveros 1974、Townsend 1998より作成）

トルコ石製品も出土している（Ramos y Meseta 1996；Meseta and Ramos 1998）。

ゲレロ州

　ゲレロ州では、オルメカ文明の影響がみられる（3、4章参照）。太平洋岸では、先古典期文化の存在が知られているが、詳しい内容は分かっていない。テオパンティクアニトラン遺跡は、先古典期前期～中期（紀元前1400～600年）に相当する。また、ソチパラ遺跡では、先古典期中期と後期に相当するテハス期、チチトランテペック期が確認されている（Schmidt 1990）。

　比較的よく土器編年が分かっているアトプラ遺跡をみてみよう。
〈カカワナンチェ期〉（紀元前1300/1250～1100/1050年）　アハルパン期、コトラ期、オコス期に関連づけられる。
〈アトプラ期〉（紀元前1100/1050～900/850年）　オルメカ文明の要素が顕著になり、トラティルコ、グァルピータ、チャルカツィンゴ遺跡などのメキシコ中央部の特徴がみられ、テワカンからメソアメリカ南東部太平洋側まで（アハルパン後期、サン・ホセ期、クアドロス期）の特徴がみられる。
〈テコロトラ期〉（紀元前900～800年）　チャルカツィンゴ遺跡などのメキシコ中央部でも南に位置するモレロス州の特徴がみられ、テワカンからメソアメリカ南東部太平洋側（アハルパン後期～サンタ・マリア前期、コトラ～ディリ期、ホコタル期）との関連もみられる。また、ベラクルス州北部（ポンセ～アギラル期）、メキシコ中央部（ボンバ期）、オアハカ盆地（サン・ホセ～グァダルーペ期）、マヤ中部低地（シェ期）とも関連がみられる（Henderson 1979）。

2．メキシコ中央部

　ここでは、メキシコ盆地を中心に編年が組み立てられている。また、イダルゴ州、トラスカラ州、トルーカ盆地でも調査が行われているが、土器はメキシコ盆地とほぼ同じ様相を示す。栽培植物は、マナンティアル期もしくはそれよりも早く、トウモロコシ、マメ、カボチャなどが検出されているが、野生種のイネ科植物の種子も多く出土している。このため、農耕と採集は並立していたか、あるいは採集が優先していたことも考えられる。また、メキシコ盆地では古期より湖の魚なども獲っており、湖の資源を有効に利用していたようすがうかがえる（伊藤 2010）。以下、メキシコ盆地とその周辺地域に分けてみていきたい。

メキシコ盆地

　ソアピルコ遺跡を中心にメキシコ盆地の編年についてみよう。
〈ソアピルコ期〉（紀元前3000〜2200年）　土偶が出土しており、C14年代測定で紀元前2300±100とされているが、その後の土偶や土器の発展段階が明らかになっていない。トラティルコ遺跡、グァダルーペ丘麓（エル・アルボリヨ、サカテンコ、ティコマン）遺跡群の発掘とC14年代測定値からメキシコ盆地の編年が組まれている。トラルパン期の土器は、オアハカ地方のティエラス・ラルガス期と似ている。コアペスコ期には、メキシコ湾岸の影響がみられる。クィクィルコ遺跡ではピラミッド神殿の各時期の発展を考慮に入れ、土器とC14年代測定からティコマン期を細分し、時期名のティ

コマンをクイクィルコに変えている（伊藤 2010）。

　文化についてみると、コアペスコ期には、メキシコ湾岸のオルメカ文明の影響がみられる。コアペスコ期からアヨトラ期かけては、チャルコ＝ソチミルコ湖周辺に遺跡が限られ、テオティワカン盆地には遺跡がない。アヨトラ期もオルメカの影響がみられるが、マナンティアル期になるとその影響は消える。また、オアハカと太平洋岸との類似がみられるが、メキシコ湾岸とは直接的な影響がみられない。トラティルコ遺跡では、土製建造物がたてられ、埋葬や貯蔵穴などが検出されている。トラパコヤ遺跡にも土製建造物があったとされる。トラティルコ遺跡はアヨトラ〜マナンティアル期に相当する。400以上出土した埋葬のなかには、階層差がみられる。マナンティアル期には、テスココ、テオティワカン地域で遺跡が増加し、チャルコ＝ソチミルコ湖地域で遺跡が減少する。この時期、トラパコヤ遺跡では、石を使った建造物がつくられた。

　ボンバ、エル・アルボリヨ、ラ・パストラ前期には、メキシコ盆地西・南部において引き続き遺跡数が増大するが、ラ・パストラ後期からクアウテペック期には、遺跡数がやや減少する。マナンティアル期以降、チャルコ湖において水位低下が起こったとされ、このことによって、クイクィルコ遺跡が発展し、円形ピラミッド基壇などの建造物がつくられた（図42）。

　先古典期の文化についてみてみよう。

　ロマ・トレモテ遺跡（紀元前1500〜100年）はハルトカン湖近くにある集落遺跡である。多数のフラスコ状ピットが検出されており、そこから植物遺存体が出土している。トウモロコシ、アマラント、ケアリタソウ、ホオズキ、ヒマワリ、トウガラシ、ウチワサボテン

166

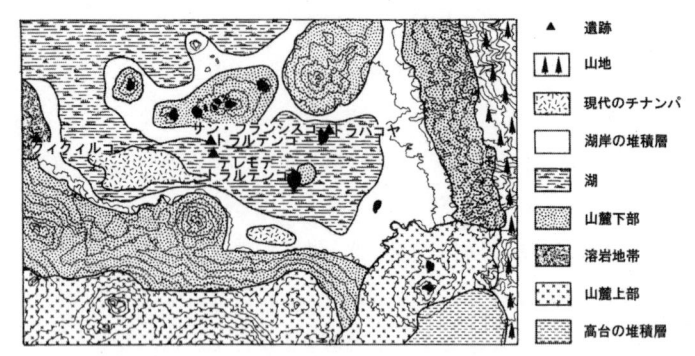

▲	遺跡
	山地
	現代のチナンパ
	湖岸の堆積層
	湖
	山麓下部
	溶岩地帯
	山麓上部
	高台の堆積層

クィクィルコ、トラパコヤ、テレモテ-トラルテンコ遺跡周辺図

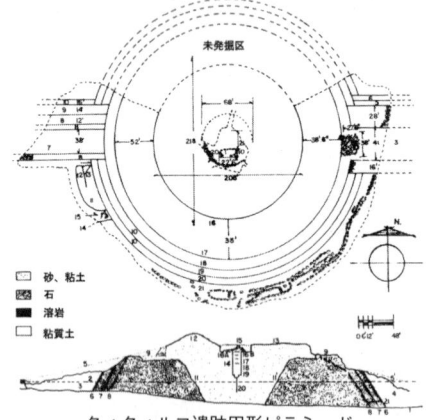

未発掘区

	砂、粘土
	石
	溶岩
	粘質土

クィクィルコ遺跡円形ピラミッド

カゴ
ロープ
サク

テレモテ-トラルテンコ遺跡1号建造物周辺

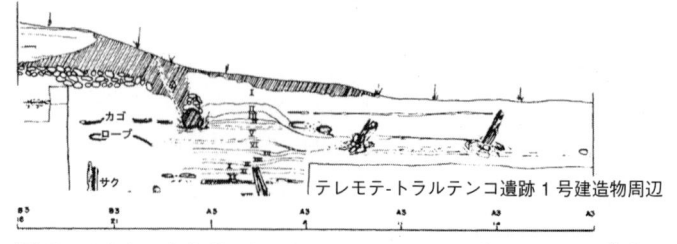

図42 メキシコ中央部のクィクィルコ、テレモテ-トラルテンコ遺跡
（McClung de T.,et al. 1986、Schávelzon 1983より作成）

などがみられるが、マメ、カボチャはほとんど出土していない。また、同じ遺構より、魚骨、鱗、エビ、動物骨なども多く出土している (Reyna & Gonzalez 1978)。

サンタ・カタリナ遺跡とテレモテ-トラルテンコ遺跡は、クィクィルコとトラパコヤという2つの大きな遺跡の間に立地している集落遺跡である（図42）。前者ではマナンティアル期とボンバ期のピットからトウモロコシ、マメ、ウチワサボテンが出土している。後者は、先古典期後期（紀元前400〜200年）に属し、チャルコ-ソチミルコ湖岸に面して、小さな建造物が数基あり、住居用とされる。

テレモテ-トラルテンコ遺跡は出土遺物からみて、農耕よりも湖の資源に依存していたようである。1号建造物近くには、船着場の遺構が検出されており、調査者は作物を運び出すところであったとしている（図42）。他の遺跡に比べてトウモロコシ、マメ、アマラントが多く出土しているが、これらは籠や土器に入っていた。建造物8では炉や壁に関連してトウモロコシ、マメ、アマラントなどの植物遺体が出土している（図43）。トウモロコシ以外は野生種である。9号建造物では炉が多数検出されたが、住居祉は出土しなかった。植物遺存体が詰まった壺が炉に近いところから出土したが、マメが多く、他にはトウモロコシ、アマラント、カプリンなどが出土している (McClung de T. et al. 1986 ; Serra P. 1980)。

メキシコ盆地の周辺地域

メキシコ盆地南東に位置するモレロス州のチャルカツィンゴ遺跡における土器編年をみると、アマテ期には、メキシコ盆地との関連がみられる。バランカ期には、プエブラからオアハカ北部にかけて

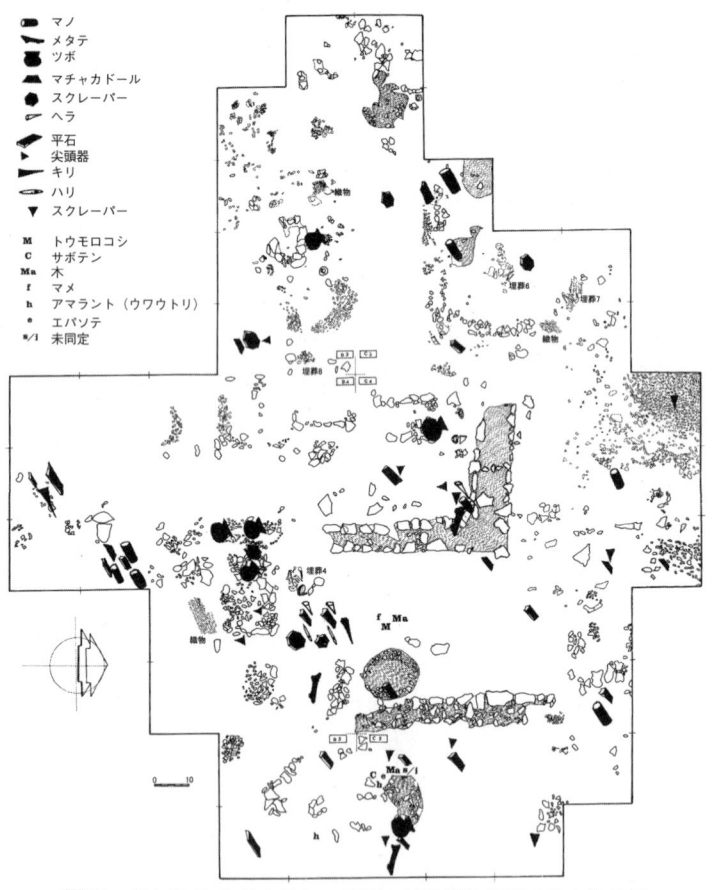

凡例:
- マノ
- メタテ
- ツボ
- マチャカドール
- スクレーパー
- ヘラ
- 平石
- 尖頭器
- キリ
- ハリ
- スクレーパー

M トウモロコシ
C サボテン
Ma 木
f マメ
h アマラント（ウワウトリ）
e エパソテ
s/i 未同定

図43 テレモテ-トラルテンコ遺跡8号建造物地区の出土状況図
（Serra P. 1980より作成）

の地域と関連がみられる。カンテラ期は、バランカ期の土器の伝統を引き継いでいる。カンテラ期以降の遺物遺構は少なく、先古典期後期についてはよくわかっていない。

また、メキシコ盆地の東に位置するトラスカラープエブラ地域で

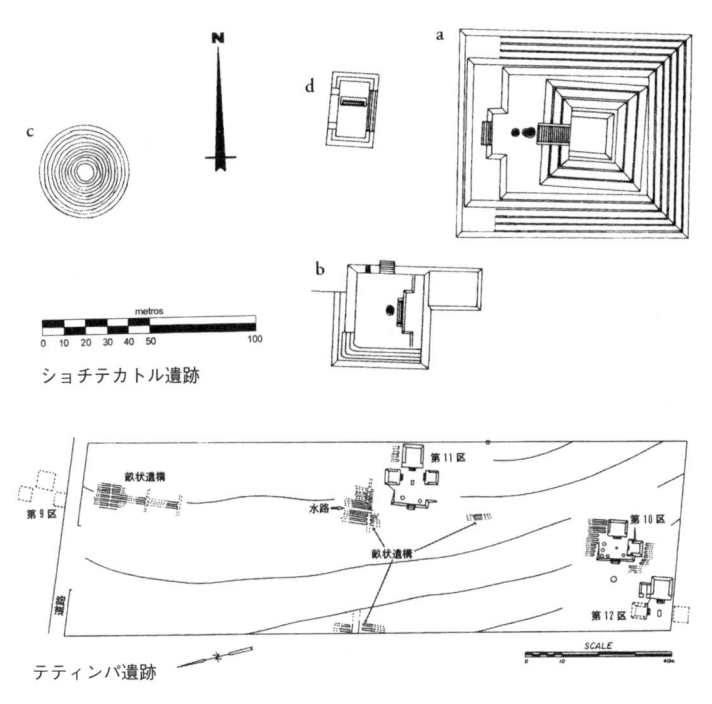

図44 ショチテカトル遺跡とテティンパ遺跡（Serra P., et al. 2004、Plunket and Uruñuela 1998より作成）

は、C14年代測定によって得られた年代を考古学資料から得られた相対年代と比較した結果、トォンパンテペック期が最も早く、テワカン地域のアハルパン期の遺物との類似がみられる。トラテンパ期には、オルメカ文明の特徴がみられる。テソロック期は、メキシコ湾岸、オアハカ、テワカンとの関係を維持しているが、テソキパン期には先テオティワカン文化の要素が入り込んでくる（伊藤 2010）。

これらの地域の文化をみると、チャルカツィンゴ遺跡についてはオルメカ文明との関係が深い（4章参照）。トラスカラ地域のショ

チカトル遺跡は先古典期中期(紀元前750〜350年)に建設が始められ、先古典期後期(紀元前350年〜紀元後100年)に完成し、紀元後100年前後に放棄されたが、渦巻状ピラミッド、方形ピラミッドも建設された(Serra et al. 2001)。

一方、火山灰に埋もれたテティンパ遺跡では、先古典期後期、タルー・タブレロ式の建造物がつくられていた。また、住居には、部屋の隅にカマドを持つ場合もある。住居の周りには、畑が広がっていた。しかし、住居が取り囲む中庭には畑はない(Urñuela, et al. 1998, 2001)。

モレロス州では、先古典期中・後期(紀元前850〜450年)に属する洞窟から、栽培植物を含む多くの植物遺体が出土している。また、ネクスパ遺跡はクアウトラ川とアマクサック川が合流する河岸段丘の端に立地する、住居址と埋葬が出土している先古典期前・中期(紀元前1200〜900年)の集落遺跡である(伊藤 2010)。

3. オアハカ

オアハカ地方は、その北に位置するメキシコ中央部のテワカン盆地と関係が深い。オアハカ盆地には、この地域の中心となるモンテ・アルバン遺跡がある。2地域ともほぼ同時期に土器がつくられはじめる。

テワカン盆地

プロン期に、メソアメリカで最も古い土器がつくられはじめられるが、これには太平洋岸のプエルト・マルケス遺跡出土土器との類

似がみられる。

　アハルパン前期には包含層より土器が出土しており、同後期からは埋葬の出土例がある。前期はバラ期、ティエラス・ラルガス期、オホチ～バヒオ期などと、後期はアヨトラ期、フスト期、コトラ期、オコス期、クアドロス期、トラピチェⅠ期、サン・ホセ期、サン・ロレンソ期などと同時期と考えられる。次に、サンタ・マリア期、そしてパロ・ブランコ期が続いている。

　サンタ・マリア前期は、グァダルーペ期、トラピチェⅡ期、アギラル期、ホコタル期、コンチャス期、ディリ期、エスカレラ期、トトリカ期、マモン期などの特徴がみられる。同後期はモンテ・アルバンⅠ期、ティコマン期、フランセサ期、グァナカステ期、チラ期、トラピチェⅢ期などとされる。

　パロ・ブランコ前期は、モンテ・アルバンⅡ～ⅢA期、パトラチケ期、トゥクアリ期、ミカオトリ期などと関連がみられる（伊藤2010）。

　グァダルーペ期には、プロン地域では大規模なダムがつくられた（図18）。クアチルコ遺跡は、先古典期中期から先古典期後期（紀元前500～紀元後250年）の集落遺跡である。中庭を囲むように並ぶ建造物群がみられる。ラ・コヨテラ遺跡は、丘の上にある主要建造物群と麓にある集落部分からなる遺跡で、ペルディド期（紀元前600～200年）とロマス期（紀元前200～紀元後200年）に分かれる。トウモロコシ、アボカド、アメリカアブラヤシ、黒サポーテ、ホコーテ、グアヘ、サボテンなどが炉跡やゴミ捨て場から出土している（伊藤 2010）。

オアハカ盆地

　オアハカ盆地では、サン・ホセ・モゴーテ、ティエラス・ラルガスなどの集落遺跡の考古学調査より、編年が組み立てられている。また、モンテ・アルバン遺跡の土器編年も組み入れ、先古典期の年代観を示している。

　エスピリディオン期に、テワカン盆地のプロン期よりやや遅れて土器がつくられはじめるが、この時期の土器はプロン期の土器と似ている。ティエラス・ラルガス期は、メキシコ盆地、テワカン盆地との関連がみられる。また、メキシコ湾岸南部、チアパス州太平洋側とも、一部関連がみられる。サン・ホセ期には、メキシコ盆地、メキシコ湾岸からマヤ地域のコパン遺跡にまで関連がみられるようになる（Flannery & Marcus 1994）。

　モンテ・アルバンⅠ期には土器用窯があり、コマルもつくられる。モンテ・アルバンⅡ期になると、この地方に特徴的な土器をつくる。また、メソアメリカ南東部太平洋側とも関連がみられる。モンテ・アルバンⅠ～Ⅱ期のオアハカ盆地内の土器はモンテ・アルバン出土土器と類似点が多い（Marcus & Flannery 1996）。

　オアハカ盆地の先古典期文化は、集落遺跡の発掘などである程度の様相が分かっている。古期の洞窟遺跡でも居住がみられるが、先古典期前期のエスピリディオン期には、土壁の破片が出土しており、定住が始まったことを示している。

　地域の中心遺跡であるサン・ホセ・モゴーテ遺跡から、オアハカ盆地のようすをみてみよう。ティエラス・ラルガス期には、西側に貯蔵穴をもつ土壁の建物がたてられる。また、西偏 8°の基線に従ってつくられた公的建造物が方形基壇の上にたてられる。この建造

物は、幾度か塗りかえられた漆喰の床面を持つ。埋葬は単葬で伸展葬であるが、数例の座葬がある。サン・ホセ期には、ピラミッド基壇、石彫もつくられる（図45）。初めて、アドベ・ブロックが建造物に使われた。埋葬は伏臥伸展葬が多く、夫婦葬もみられる。口にヒスイを含ませている例が多くみられる。頭蓋変工もみられ、社会の階層分化が始まる。磁鉄鉱、赤鉄鉱、チタン鉄鉱が大量に出土した。しかし、近くに鉱脈は発見されていないため、遠隔交易も始まっているとされる。グァダルーペ期には、ピラミッド基壇が大きくされる。複数の埋葬が増え、夫婦葬や家族葬があったとされる。ダムや水路が報告されている。ロサリオ期には、土地の改変が行われ、大きな建造物がたてられる（図45）。初めて円形建造物（アドベ・ブロック製）がつくられるなど、他の建造物もつくられる。そして、文字が浮彫りされた石彫がつくられる。また、焼土片が多量に出土しており、他からの攻撃を受けた痕跡と考えている。多くの集落が放棄される。埋葬は前室を持つ石室墓がつくられる。

モンテ・アルバンⅠ期にはモンテ・アルバン遺跡が活動を開始する。また、オアハカ盆地では遺跡数が多くなり、防御に適した場所に立地した遺跡が多くなる。ダンサンテ様式の石彫がみられる。文字が縦位2列で表現される。水路網がオアハカ盆地につくられる。

モンテ・アルバンⅡ期になると、オアハカ盆地はモンテ・アルバン遺跡を中心に国に成長する。高位の人物たちは、漆喰で仕上げられるアドベ・ブロックの邸宅に住んでいた。また、I字型球戯場が初めてつくられる。墳墓は十字形のアーチ状墓室を持ち、家族の構成員が後に追葬された。コウモリのヒスイ製モザイク仮面、ヒスイ製小石像も副葬された。一方、経済基盤については、栽培種のトウ

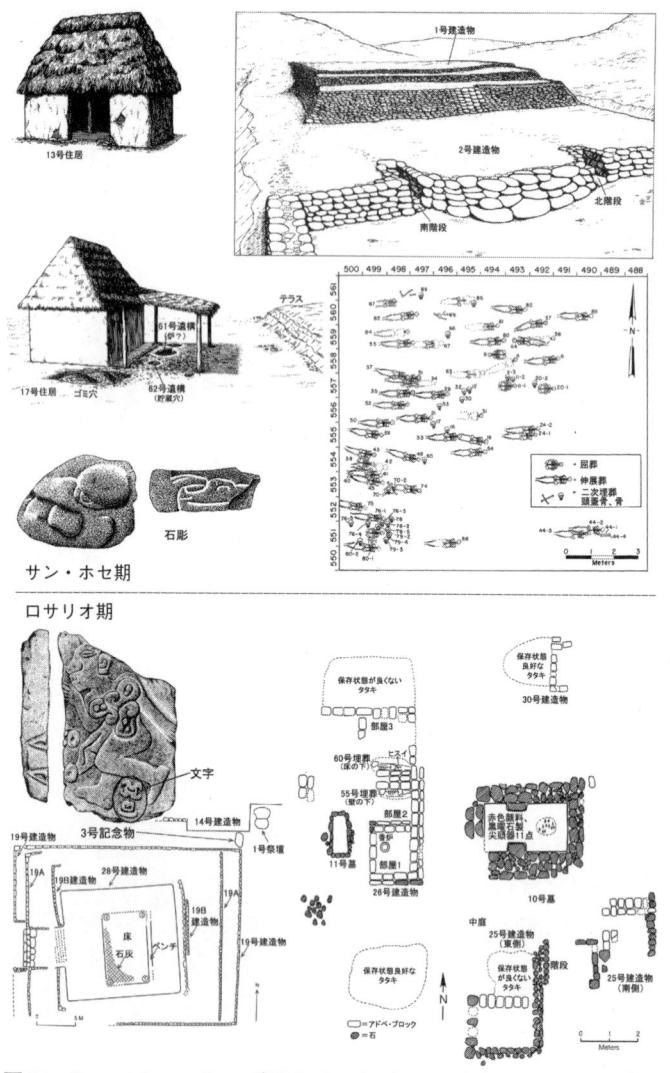

図45 サン・ホセ・モゴーテ遺跡とサント・ドミンゴ・トマルテペック遺跡
（Flannery and Marcus 2005、Whalen 1981 より作成）

モロコシ、アボカド、マメなどが出土しており、農耕が始まっていた。また、組織的に犬を屠殺していたとされる（伊藤 2010）。

先古典期の遺跡であるファブリカ・サン・ホセ遺跡は、同時期の大遺跡サン・ホセ・モゴーテ近くの集落遺跡である。住居址、埋葬、フラスコ状ピット、ピットが出土している。フラスコ状ピット内の壺形土器からトウモロコシが出土していることから、ツボに食料を貯蔵していたことがわかる（伊藤 2010）。

同じく先古典期のサント・ドミンゴ・トマルテペック遺跡は、オアハカ盆地の東トラコルラ地区の山麓にあり、サラード川北の河岸段丘に立地している集落遺跡である。建造物4基、フラスコ状ピット、炉跡、ピット、箱状遺構、住居の床面、埋葬が確認されている。サン・ホセ期の集団墓地も検出されている（図45）。フラスコ状ピット、箱状遺構にトウモロコシ、アボカド、マメ、ケアリタソウ、アザミゲシ、スベリヒユ、リュウゼツランなどを貯蔵していた可能性がある。また、アボカドなどが副葬された（Whalen ed. 1981）。

4．メキシコ湾岸

この地域は、3つに分けられる。パヌコ流域を中心とするワステカ地域、ベラクルス州中央部、そして、オルメカ文明が盛行するベラクルス州南部からタバスコ州である。北から南に順に先古典期文化について解説する。

パヌコ流域

メキシコ湾岸北部、ワステカと称される地域である。483地点の

試掘調査と33地点の層位学的調査とC14年代測定から得られた年代を基にして、編年を組んでいる。また、アルタミラノ（Hv24）遺跡出土土器を中心に分析している。

チャヒル期には、メキシコ中央部、タマウリパス、チアパス太平洋側部と類似点がある。プハル期はメキシコ湾岸、メキシコ中央部、テワカン（アハルパン期）、メソアメリカ南東部太平洋側と関連がある。チャカス期には、メキシコ中央部と関連がみられる。タンパオン期にはメキシコ湾岸やメソアメリカ南東部太平洋側イサパ遺跡の特徴がみられる。タントゥアン期には主にメキシコ湾岸で類似性がみられる（伊藤 2010）。

この地域の先古典期文化をみよう。

先古典期前期プハル期には、埋葬、敲き締められた床面（平面形が円形もしくは楕円形）、炉などが検出されている。土器、淡水産貝、シカ、イノシシ、アルマジロの骨、魚骨などが出土している。タンパオン期は、小基壇の上に住居をつくるようになる。オルメカ文明の影響がみられ、メキシコ中央部、ベラクルス州南部、チアパス州の文化の影響を強く受ける。タンツアン期になると、漆喰で床面を仕上げる。また、石器は黒曜石製のものが多くなる。獣骨が減り、農耕への依存度が高くなる（Merino & García 1989, 2002）。パボン期には、若干の土壁片が出土しており、何らかの住居があった可能性がある。アギラル期には、住居址の床面らしい遺構が検出されている。チラ期には、円形もしくは楕円形の住居址、柱穴、土壁片が出土している。この時期、円錐台形の基壇がつくられた。エル・プリスコ期には、さらに多くの建造物がつくられた（伊藤 2010）。

ベラクルス中央部

サンタ・ルイサ遺跡を中心に、この地域の編年を概観しよう。

古期に属するパロ・ウエコ期の後に断絶があるが、先古典期前期に属するラウダル期から先古典期後期のテコルトラ期までの土器資料と炭化物の年代測定から編年が組まれている。

ラウダル期はテワカン盆地のアハルパン期に類似点が多い。アメリア期にはチアパス州やテワンテペック地峡地域の影響を受けるようになる。モンテ・ゴルド期は、土器の特徴からアハルパン期とバヒオ期と同時期である。オヒテ期は、オルメカ的な要素が多くなり、サン・ロレンソA期と類似する。エステロA期には、在地的な要素が強くなるが、オルメカ文明の特徴を持っている。エステロB期とアロヨ・グランデ期には、パヌコ地域との類似がみられる。

先古典期文化を他の地域と比較すると、ラウダル期は、チアパス州太平洋岸のバラ期の土器の特徴を持ち、遺跡の立地も似ている。オヒテ期に初めて大きな建造物をつくっている（伊藤 2010）。

ベラクルス州南部ータバスコ州

この地域はオルメカ文明の中心地である（3、4章参照）。サン・ロレンソ、ラ・ベンタ遺跡において編年が組まれている。

サン・ロレンソ遺跡はベラクルス州南部に属するオルメカ文明の中心遺跡である。オホチ期は資料が少ないが、メソアメリカ南東部太平洋側オコス期との関連がみられる。バヒオ期は資料が多くなり、メキシコ中央部、メキシコ西部との関連もみられる。チチャラス期には、オルメカ文明の特徴が顕著になる。サン・ロレンソ期は、メキシコ中央部、オアハカと関連が深い。この時期はオルメカ文明の

最盛期である。ナカステ期には、メキシコ中央部、マヤ中南部との関連がある。サン・ロレンソ期の特徴がなくなり、新しい要素が現れる。次のパランガナ期との間に断絶がある可能性があり、マヤ低地との関連も考えられる。レンプラス期には、トレス・サポテス遺跡、テワカン盆地、グァテマラ高地などと関連がみられる。

ラ・ベンタ遺跡はタバスコ州に位置するオルメカ文明の中心遺跡であるが、土器編年は明確になっていない。1955年の調査で得られた炭化物資料を基に、紀元前1000〜600年に及ぶ1〜4期の編年が組まれている。その後、ラ・ベンタ遺跡近くのバリ川沿いの遺跡群の調査により、都市として発展していく過程が復元された。また、都市として発展していく前の時期の存在を明らかにした(伊藤 2010)。

5. マヤ

マヤ北部のユカタン半島では、マニ遺跡などから出土した先古典期前期とされる土器があるが、先古典期中期の資料はほとんどない。先古典期後期にならないとその具体的な姿がみえてこない。また、マヤ中部低地では、先古典期中期以前については明らかでないが、南東端にあるコパン、ロス・ナランホス遺跡では、先古典期前期とされる遺物が出土しているがその文化の全容は不明である(伊藤 2006)。この地方は、北部、中部低地、そして、マヤ南部を含むメソアメリカ南東部太平洋側に分けられる。

メソアメリカ南東部太平洋側

ここではメソアメリカ南東部太平洋側を太平洋岸と高地に分ける

が、最初に、このメソアメリカ南東部太平洋側の特徴である建築物全体についてまとめることとする。

　先古典期前期より、太平洋岸やカミナルフユ遺跡を中心とした高地では伝統的に土の建造物をつくり続けた。グァテマラ高地では、先古典期後期に徐々に平石を建造物に使うようになる。石ブロックはメソアメリカ南東部太平洋側では先古典期後期に高地で使われるようになる。また、アドベ・ブロックは先古典期より建築材として使われているが、他の地域でも先古典期より使われている。この建築材がこの地域から使われはじめたのかどうかは、他の地域との関係を分析する必要がある。

　先古典期の建造物の基線については、チアパ・デ・コルソ遺跡の東偏19-21°の基線がイサパ遺跡やグァテマラ高地北斜面でも適用されている。しかし、それぞれの遺跡では固有の建造物を持っている為に、同じ基線の原因をチアパ・デ・コルソ勢力の広がりに求めることはできない。

①メソアメリカ南東部太平洋側太平洋岸

　ここでは、古期から先古典期まで続くチャンチュート遺跡などから、先古典期の編年が組み立てられ、出土土器とC14年代測定から、古期から先古典期の年代が示されている。この地域の中心となるイサパ遺跡を中心に述べよう（伊藤 2006）。

〈バラ期〉　この時期に初めて土器が出現するが、きわめて洗練されている。海岸部から高地に至る地点にあるイサパ遺跡では、建造物などの発掘資料も考慮して先古典期前期から後古典期までの編年が組み立てられている。この時期の土器は、他の太平洋岸の遺跡からも出土している。

〈オコス期〉 この時期の土器がイサパ遺跡の建造物の充填材から出土した。イサパ遺跡のほか太平洋側地域でみられる。メキシコ湾岸北部との関連もみられる。

〈クアドロス期〉 初期のオルメカ的な要素を含む。

〈ホコタル期〉 太平洋側地域とチアパス高地そしてメキシコ湾岸南部との関連がみられる。

〈ドゥエンデ期〉 この時期には、メキシコ湾岸からエル・サルバドルにいたる太平洋側地域に、その特徴が広がる。しかし、外来の要素もみられる。

〈エスカロン～フロンテラ期〉 メキシコ湾岸から太平洋側地域までの特徴がみられる。

〈ギジェン期〉 メキシコ湾岸から太平洋側まで、そしてマヤ中部低地との関連がみられる。

〈ハト期〉 チアパス州からエル・サルバドルに至る太平洋側地域の特徴を持つ。

〈イスタパ期〉 グァテマラからエル・サルバドルに至る地域との関連がみられる。

次に、この地域の先古典期文化について、その時期に特徴的な遺跡から解説したい。

ロコナ期には、パソ・デ・ラ・アマダ遺跡で、大型楕円形土製建造物がつくられた（図16）（Hill et al. 1998）。また、メソアメリカで最も早い時期の球戯場が検出されている（図46）。トウモロコシ、マメなどが出土している。前時期から発展しているラ・ブランカ遺跡では、先古典期中期のコンチャス期に、オルメカ様式の石彫もみられる。柱穴、炉などが検出され、動植物遺存体がごみ穴から出土

第5章 オルメカ文明と同時期の文化 *181*

図46 メソアメリカ最初の球戯場？
(Hill et al. 1998より作成)

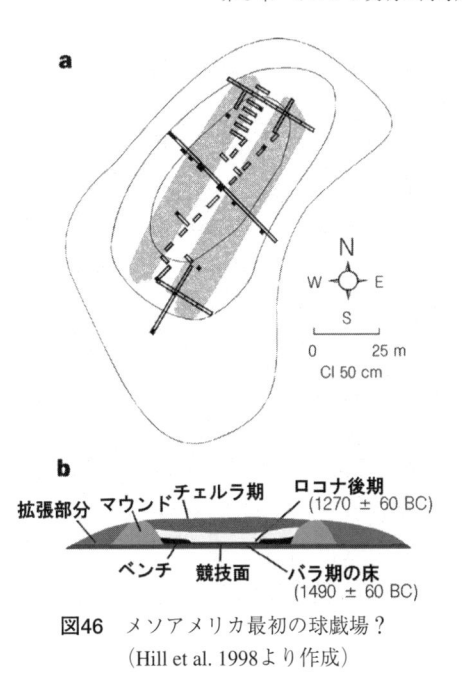

している (Love 1990)。

　一方、タカリク・アバフ遺跡では、オルメカ様式の石彫が出土している (4章参照)。先古典期後期に属する日付を持つ石彫が出土しており、マヤ様式とされる (Graham y Benson 1990)。

　イサパ遺跡においては、オコス期からホコタル期は土器で確認されるのみだが、ドゥエンデ期には建造物の建設がはじまる (図47、図48)。エスカロン期には大きな建造物がつくられはじめる。フロンテラ期には、石彫がつくられると共に建造物の範囲と規模が大きくなる。ギジェン期はイサパ遺跡の最盛期となる。建築活動と石彫作成が最も盛んになり、規模が大きくなる。ハト期には、多くの埋

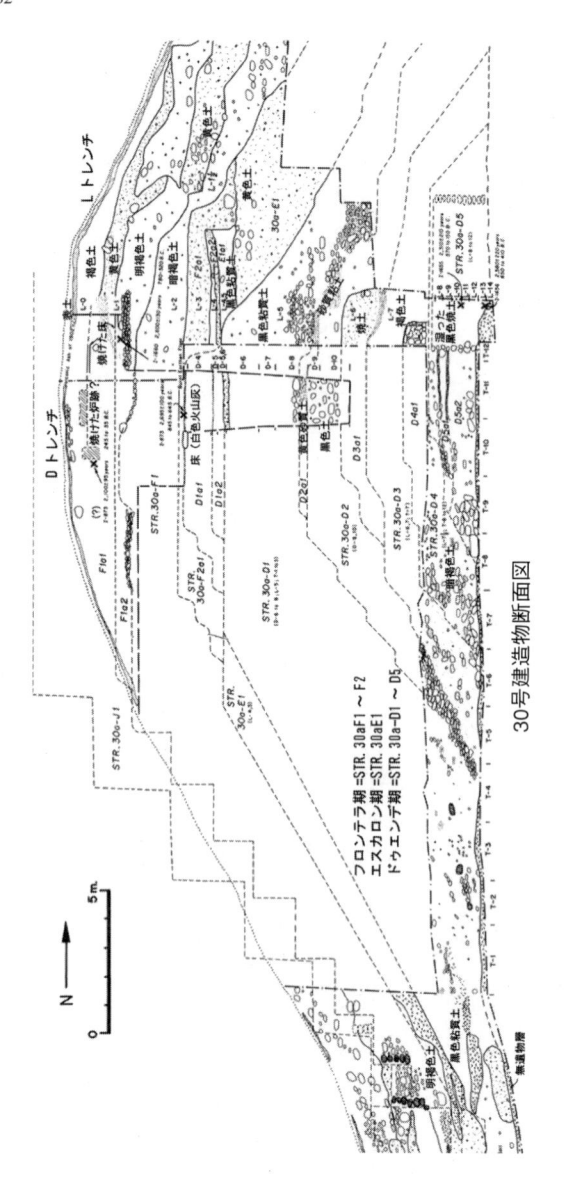

図47 イサバ遺跡30号建造物断面図 (Lowe, et al. 1982より作成)

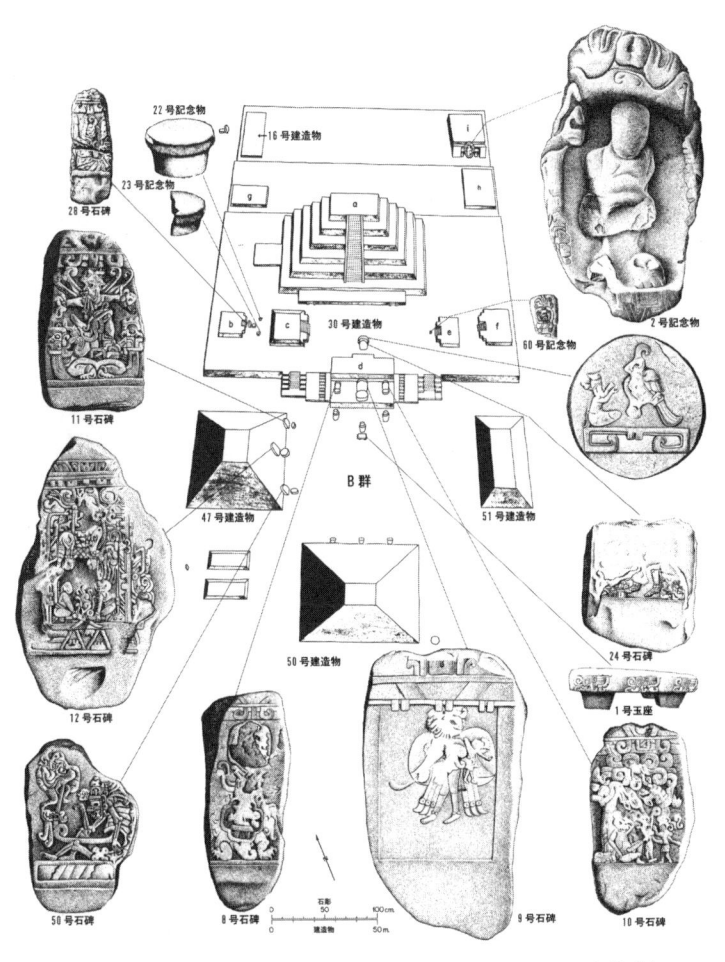

第 5 章 オルメカ文明と同時期の文化 *183*

図48 イサパ遺跡B群の建造物と石彫（Lowe, et al. 1982より作成）

葬はみられるが、建築活動は停止する。30号建造物のアクロポリスに低い小さな建造物がつくられる以外は何もつくられなかった。イスタパ期には、F群以外に主要な部分での建築活動はまったくなくなる（Lowe et al. 1982）。

この他に、サリーナス・ラ・ブランカ遺跡はグァテマラ高地から流れる川が太平洋に注ぐ河口近くに位置し、2基の建造物を中心とした、先古典期前期から先古典期後期までの遺跡である（Coe & Flannery 1967）。シン・カベサス遺跡は太平洋側斜面、ナワラテ川とマドレ・ビエハ川の間に位置する先古典期後期の遺跡で、土製建造物が数基あり（Whitley & Beauty 1989）、この地域では土製の建造物が主につくられている。

②メソアメリカ南東部太平洋側高地

チアパ・デ・コルソ遺跡を中心とするチアパス高地と、カミナル

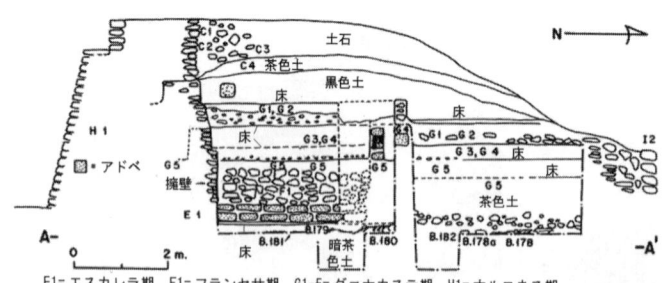

E1=エスカレラ期、F1=フランセサ期、G1-5=グァナカステ期、H1=オルコネス期

チアパ・デ・コルソ遺跡1a建造物

図49 チアパ・デ・コルソ遺跡の1a建造物と2号石碑
（Agrinier 1975他より作成）

2号石碑

フユ遺跡を中心とするグァテマラ高地において、それぞれ層位的に得られた土器資料を基に編年が組まれている（図49）。カミナルフユ遺跡は、エルミタ盆地にある先古典期前期から古典期後期の都市遺跡である（図50）。

チアパス高地

〈コトラ期〉　資料が少ないが、太平洋岸のクアドロス期との強い関連がうかがえる。メキシコ中央部との関連もみられる。建造物は若干の痕跡がみられる。

〈ディリ期〉　この時期には、大きな変化が現れる。建設活動が確認され、また埋葬は伸展葬である。

〈エスカレラ期〉　初めて他のマヤ地域との関連がみられる。また、オルメカ文明の影響が到達し、メキシコ湾岸のラ・ベンタ遺跡との関連もうかがえる。チアパ・デ・コルソ遺跡などでピラミッド神殿などの建造物がつくられる（図49）。埋葬は床下が主であるが、ゴミ捨て場にもみられる。建物と関連して南北方向に伸展葬で葬られる。顔の部分に土器が被せられるなど、土器が副葬される。この時期、この地域最初の球戯場がつくられた。

〈フランセサ期〉　遺物が質量共に頂点に達する。オアハカ太平洋側、チアパスそしてユカタン半島まで関連がみられる。

〈グァナカステ期〉　メキシコ湾岸との関係を保っているが、オアハカ、太平洋側地域との関係もみられる。

　フランセサ～グァナカステ期には、墓と建造物が関連付けられるようになる。ヒスイ製品など副葬品も豊かになる。竪穴式石室を持つ墳墓もつくられる。埋葬は建造物に関連し、伸展葬で東西方向に葬られている。また、穴を開けた土器が頭部に被せられる。朱が埋

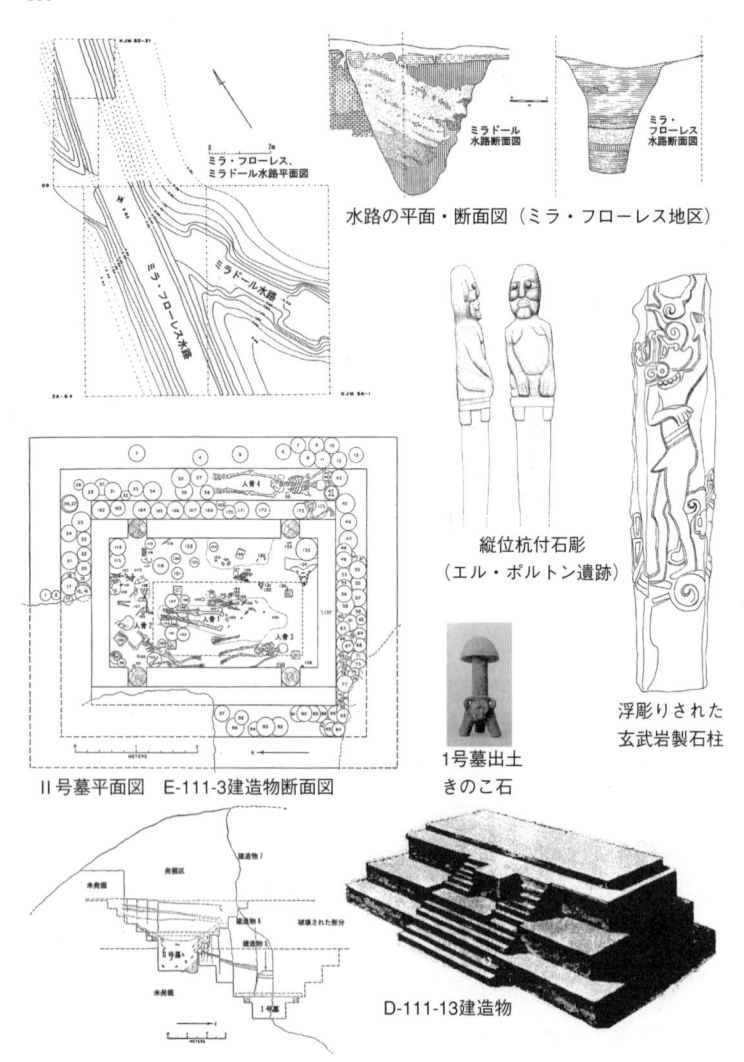

水路の平面・断面図（ミラ・フローレス地区）

縦位杭付石彫
（エル・ポルトン遺跡）

1号墓出土
きのこ石

浮彫りされた
玄武岩製石柱

II号墓平面図　E-111-3建造物断面図

D-111-13建造物

図50　カミナルフユ遺跡とエル・ポルトン遺跡（Parsons 1986、Shook and Kidder 1952、Barrientos 2000等から作成）

葬に伴う場合がある。

〈オルコネス期〉 テワンテペック地峡一帯の交易圏に入るようになる。石碑など石彫がみられ、建造物なども階層分化が進む。埋葬は朱で被うことが一般的になる。

〈イストモ期〉 地峡地域、他のマヤ地域との関連もみられるが、チアパス州太平洋側のソコヌスコ地域との関係が強くなる。この時期には、最も広く活動範囲が広がった。埋葬は、建造物と関連し、伸展葬で副葬品は少なくなっている。また、二次葬もみられる（伊藤2010）。チアパ・デ・コルソ2号石碑は確認された中で現時点では長期暦最古の日付を持っている（図49）。

ドン・マルティン遺跡は、チアパス高地を流れるグリハルバ川の河岸段丘に位置し、5基の建造物を中心とする遺跡である。先古典期後期（紀元前200〜紀元後200年）に属する2基のフラスコ状ピット内から、動物骨などとともに、トウモロコシ、マメ、トウガラシ、アメリカアブラヤシ、ヒマワリ、ケアリタソウ、エノキの実などが出土している（Martínez 1978）。

グァテマラ高地

〈アレバロ期〉 グァテマラ高地では初めての土器が出土する。カミナルフユ遺跡では、この時期から居住されていた。

〈ラス・チャルカス期〉 グァテマラ高地に限られる。この時期には、土製建造物がつくられるようになった。貯蔵穴や土壁の住居があったことが推定される。また、フラスコ状貯蔵穴より、トウモロコシ、アボカド、マメ、カカオなどの栽培植物と子供の埋葬が出土している。きのこ石、台座付柱状石彫もつくられた。

〈ラス・マハダス期〉 カミナルフユ遺跡のあるエルミタ盆地に限ら

れる。浮彫りされた玄武岩石柱、メキシコ湾岸との関連がうかがえるオルメカ様式ヒスイ製品などが出土している。

〈プロビデンシア期〉 コマルが出現し、メソアメリカ南東部太平洋側高地から太平洋側斜面に広がる。台座付柱状石彫、きのこ石がつくられた。

〈ベルベナ、アレナル期〉 マヤ中部低地、メソアメリカ南東部太平洋側地域に広く分布する土器の特徴を持っている。土製建造物が立ち並ぶ都市となり、王墓と考えられるような規模の墓も建造物内部につくられた。大規模な水路もつくられ、炉を持つ住居も検出されている。文字も浮き彫りされ、さまざまな石彫がつくられた。グァテマラ高地から太平洋側そしてエル・サルバドルとの関係が顕著にみられる（図50）。

〈サンタ・クララ期〉 先古典期終末期とされ、グァテマラ盆地に限られる。建造物建造などの活動が減少した（伊藤 2010）。

この地域の南の端であるエル・サルバドルにおいては、先古典期中期の畑の畝が火山灰層の下から検出されている（Amalori 2009）。

サンタ・レティシア遺跡は、太平洋側斜面のイサルコ山中腹にあり、3基の建造物を中心とし、住居用基壇なども検出されている（図51）。チュル期（紀元前400〜100年）末からカイナック期前期（紀元前100〜紀元後100年）には、テラスがつくられ、球形に近い太っちょの石彫3基が南北方向に配置され、山の頂上をみるように17m間隔に置かれている。炉の近く、ゴミ捨て場、フラスコ状ピット内より、トウモロコシ、アボカド、マメイ、ホコーテ、ヒマワリの植物遺存体が出土している（Demarest 1986）。

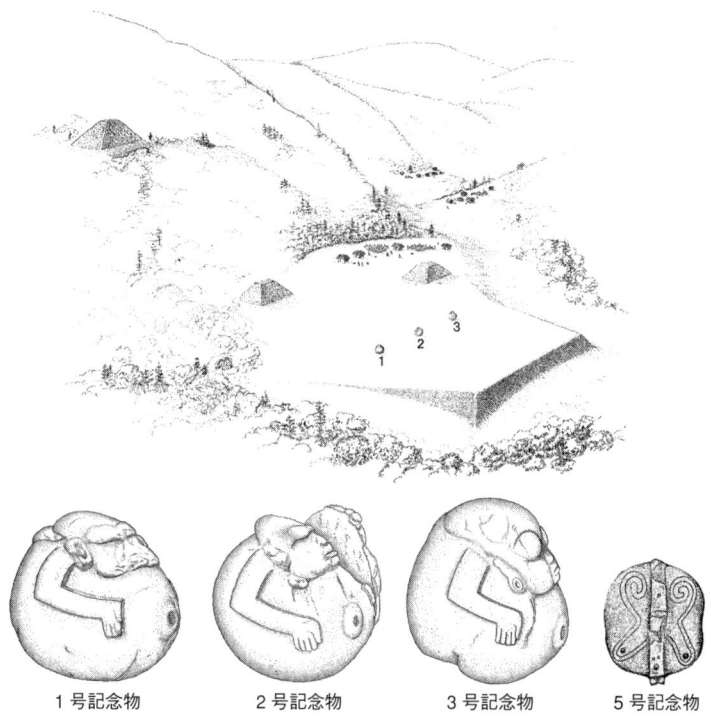

第5章 オルメカ文明と同時期の文化 *189*

| 1号記念物 | 2号記念物 | 3号記念物 | 5号記念物 |

図51 サンタ・レティシア遺跡（Demarest 1986より作成）

マヤ中部低地

1965年に土器編年を検討する会議が開かれ、各土器編年を比較し、先古典期を含めたマヤ低地全体の編年がまとめられている（伊藤2010）。本書では、先古典期中期から居住されたベリーズ北部のクエヨ遺跡からこの地域の土器編年と文化をみることとする（Hammond ed. 1991）。クエヨ遺跡は、オンド川の支流近くに立地する、小さな神殿を持つ集落遺跡で、遺構と遺物が層位的に検出された。マヤ中部低地で最古の土器が出土している。

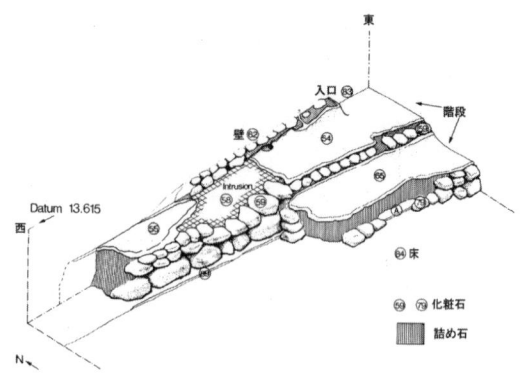

クエヨ遺跡から出土した建造物（マモン期）

セロス遺跡平面図

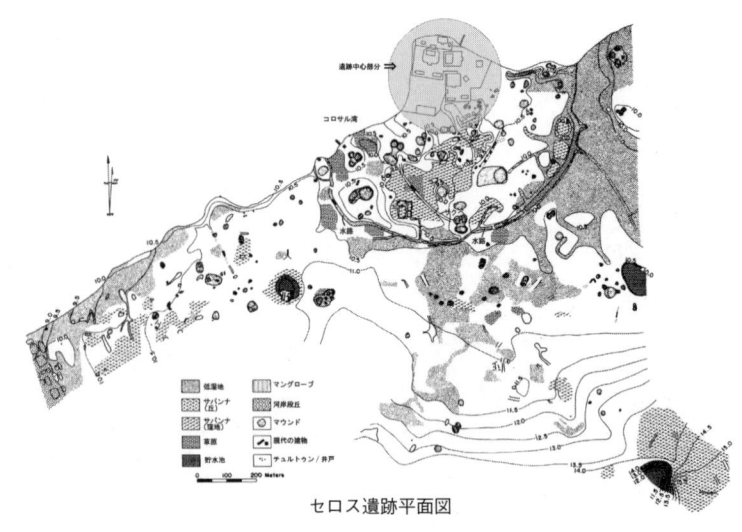

図52 クエヨ遺跡とセロス遺跡（Hammond ed., 1991、Robertson & Freidel 1986より作成）

〈スワジ期〉 他に比較できる資料がないが、マニ遺跡のセノーテで出土した土器と似ている。

〈ブラデン期〉 北部ベリーズの他、ペテン地域のシェ期と関連がみられる。中庭に面する建造物の数が増える。住居用基壇に伸展葬、屈葬、座葬の一次葬の他、二次葬もみられる。頭部に被せられる土器、ヒスイ製品などの副葬品がある。頭蓋変工もみられるが、高貴さを示していない。人身犠牲らしい埋葬もある。

〈マモン期〉 広い範囲で同じ要素がみられる。古い建造物の上に新しい建造物をつくっている(図52)。埋葬では意図的な頭蓋変工もみられる。伸展葬が多く、貝製品、土器、ヒスイなどの副葬品がみられる。建造物に関連して人身犠牲がみられる。

〈チカネル期〉 マヤ中部低地全体で同じ特徴が多くみられる。古い建造物を破壊し燃やして中庭を埋め、新しい床面をつくる。この建造物を覆うように、新しい建造物をつくっている。石碑も立てられる。また、石灰岩の切石を使うようになる。供物が、石碑、建造物に捧げられる。埋葬は石灰岩質の石層の上に埋められ、石室もつくられる。座葬が多く、屈葬、伸展葬などのほかに、頭骨のみの埋葬もみられる。二次葬も多く、複数の人身犠牲も行われる。頭部に被せられる土器、ヒスイ製品、貝骨製品などが副葬される。先古典期後期(紀元前400～紀元後250年)のチュルトゥンから、トウモロコシ、マメ、カボチャ、アボカド、ナンス、マメイ、パッションフルーツが出土している(Hammond ed. 1991)。

セロス遺跡は、ベリーズ北部のカリブ海に面する海岸に立地している(図52)。先古典期後期(紀元前400～紀元後250年)のピラミッド神殿を中心とする遺跡で、中心部分周辺には水路が廻っている。

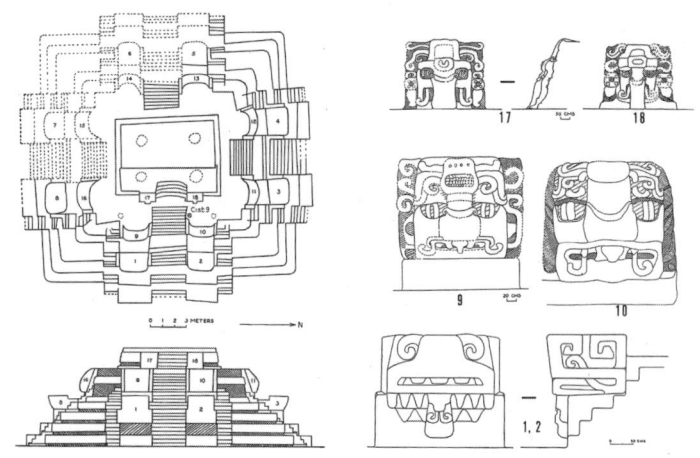

ワシャクトゥン遺跡E-Ⅶ　SUB建造物（マモン期）

ナクベ遺跡1号建造物漆喰仮面装飾

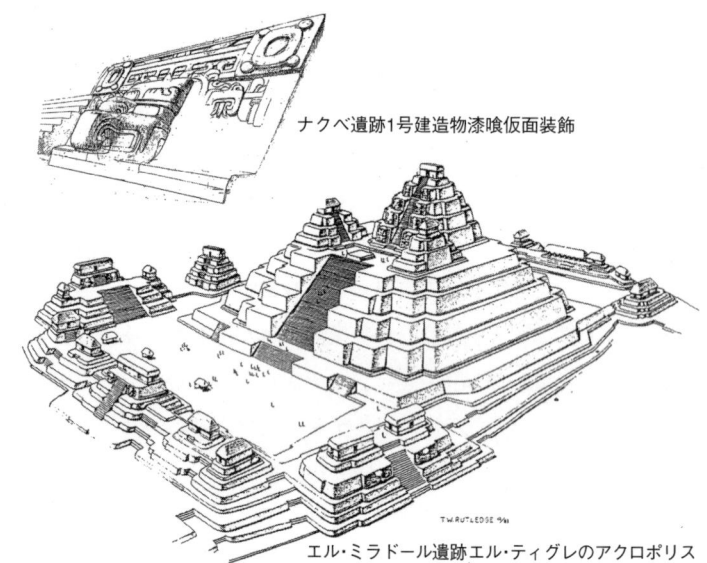

エル・ミラドール遺跡エル・ティグレのアクロポリス

図53　中部低地の遺跡（ワシャクトゥン、ナクベ、エル・ミラドール遺跡）
（Ricketson 1937、Hansen 1990、Martínez y Hansen 1992より作成）

図54 サン・バルトロ遺跡出土のオルメカ文化の影響がみられる壁画
（Saturno et al. 2005 より作成）

中心となるピラミッド神殿、水路などで、考古学調査が行われた。ゴミ捨て場とされる遺構より、マメ、カボチャなどが出土している（Robertson & Freidel 1986）。

ワシャクトゥン遺跡では、マモン期に属するピラミッド神殿がつくられていた（図53）。ピラミッド側面には大きな仮面装飾がつくられている。先古典期後期、ペテン地域では、エル・ミラドール遺跡において、ピラミッド神殿やアクロポリスをつくっていた。70m高の建造物、色漆喰が施された石灰岩の切石がみられる。大きな基壇の上に神殿を乗せた建造物が初めてつくられた。ナクベ遺跡でみつかっているような色漆喰の大きな仮面装飾が、神殿正面につくられた（図53、Hansen 1990）。

サン・バルトロ遺跡では、先古典期後期に属するオルメカ様式を持つ壁画がみつかっている（図54、Saturno et al. 2005）。

605号建造物の建築段階

ナパンチェI期 → ナパンチェII期

先古典期における広場を中心とした
建造物の配置（601-605号建造物）

450号建造物断面図

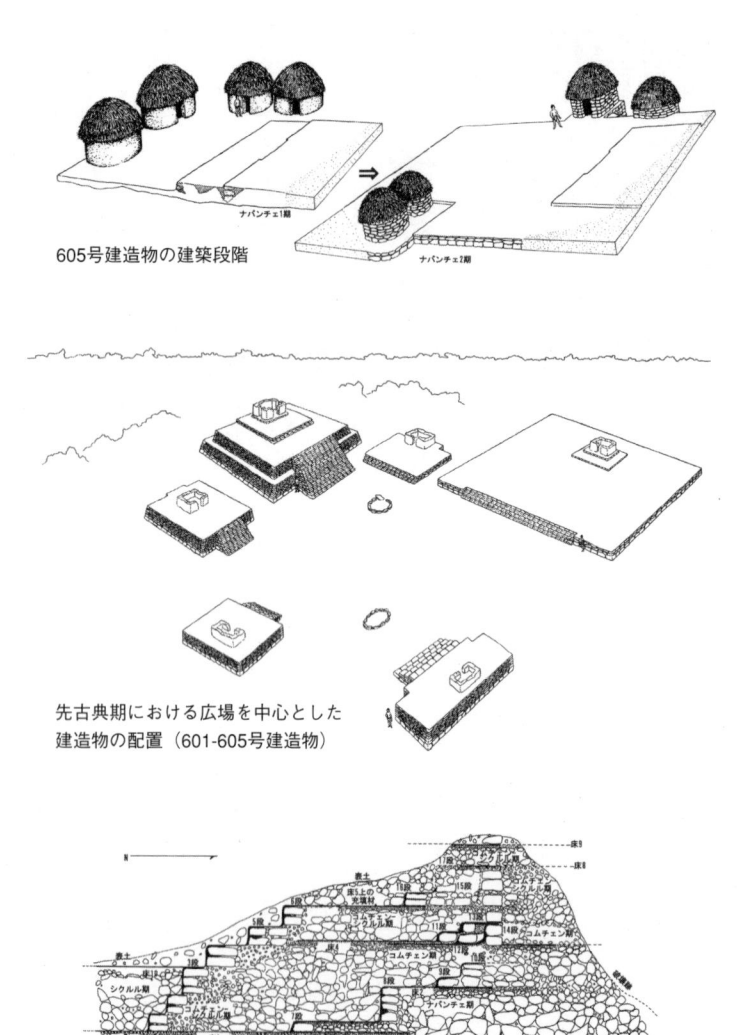

図55 ジビルチャルトゥン遺跡（Andrews IV and V 1980より作成）

マヤ北部

　マニ遺跡などで先古典期前期とされる土器が示されているが、他に比較する資料がない（伊藤 2010）。この地域で最も古い時期の遺構遺物が出土しているジビルチャルトゥン遺跡では、建造物の建設時期、土器などから編年を示している。ナバンチェ期はカンペチェ州（ベカン遺跡）やベリーズ北部と類似点がみられ、コムチェン期、シュクルル期はカンペチェ州やペテン県との類似点がみられる（Andrews IV & Andrews V 1980）。

〈ナバンチェ期〉　自然石を積上げた上に、石灰のモルタルを塗り、漆喰で仕上げられた低い基壇をつくる。その上に石で壁をつくり、泥漆喰（外）と漆喰（内）で仕上げされる建造物が建てられた。建造物前面の隅は丸くなっている。また、中心となる建造物群ができる。建造物に関連して、この時期より供物がみられる。埋葬は、建造物と関連している。すべて、二次葬で甕棺葬もある。また、副葬品は土器である。

〈コムチェン期〉　ナバンチェ期の基壇の高さに床面がかさ上げされ、新しい建造物が古い建造物の上につくられる。埋葬は、建造物の基線上にあり、伸展葬と屈葬がみられる。建造物に対する人身犠牲もみられる。ヒスイ、土製品、貝製品などが副葬される。

〈シュクルル期〉　ナバンチェ期の基壇の高さまでかさ上げされ、手摺部分もつくられ、建造物も規模が大きくなり、基壇の数が多くなる。手摺部分はペテン県では先古典期に起源があり、チアパ・デ・コルソ遺跡ではオルコネス期にみられる。壁は、やや整形された石を、石灰のモルタルで積上げ、漆喰で仕上げる。埋葬は建造物に関連しており、一次葬と二次葬があり、屈葬もみられる。さらに、甕

棺葬、L字状石室を持つ墳墓もある　（Andrews IV and Andrews V 1980)。

6．オルメカ文明とメソアメリカの諸文化

　ここまで、オルメカ文明と直接関係していないメソアメリカの各地方の文化をみてきた。ここでは、オルメカ文明の痕跡に注目して、メソアメリカ各地方の文化を比較することにしたい。

　メキシコ西部地方では先古典期全般にオルメカ文明とあまり関係なかったようである。あったとしても、土器の文様にみられるようにごく希薄な関係だったといえる。しかし、すぐ南のゲレロ州にはオルメカ文明と関係の深い痕跡があることを考えると、きわめて不思議な感じを受ける。メキシコ西部地方では竪坑墓の習慣が先古典期前期から続いていることもあり、独自の文化を持っていたといえよう。

　メキシコ中央部ではオルメカ文明の典型的な遺物である記念碑的な石彫は、メキシコ盆地の外であるモレロス州のチャルカツィンゴ遺跡でみられる。しかし、メキシコ盆地では土器など比較的小さな遺物にオルメカ文明の痕跡は限られている。一方、メキシコ盆地では土製建造物はみられるが、巨大な石彫はない。メキシコ中央部では限定的にオルメカ文明の特徴がみられるのみである。

　オアハカでも、メキシコ盆地と同じで、土器などの小さな遺物にはオルメカの痕跡がみられる。しかし、オルメカ様式の巨大な石彫はない。その代わりに、独自のダンサンテ様式の石彫がみられ、メソアメリカ最古の暦・文字が彫られている。当初は、土製建造物が

みられ、建造物を立てる際に基準となる基線がラ・ベンタ遺跡と同じである。しかし、その後に、石造建造物が多くなる。オアハカもメキシコ西部と同様に、独自の文化を持っていたといえる。

　マヤに目を向けると、マヤ北・中部ではオルメカ文明の痕跡がほとんどみられない。マヤ北部では、オルメカ文明の痕跡は、同じ時期と判断できるような出土状態でみつかっているわけでなく、単独で後の時期に属するような出土状況で出土している。マヤ中部低地ではオルメカ文明の痕跡は小さな遺物だけである。マヤ中部の南東端では土器などにオルメカ様式の文様がみられる。一方、マヤ南部を含むメソアメリカ南東部太平洋側では、太平洋岸から高地にかけてオルメカ文明の痕跡がみられる。オルメカ様式の巨大な石彫がみられ、記念碑的な土製建造物がつくられていた。マヤ北・中部ではオルメカの痕跡が希薄であるが、メソアメリカ南東部太平洋側ではオルメカ文明の痕跡が濃厚にみられる遺跡もある。

第6章　オルメカ文明の後継者

1．後継となる古代メソアメリカ都市

　メキシコ湾岸では、ラ・ベンタ遺跡衰退後には、トレス・サポテス遺跡がオルメカ文明の後継者として発展を続けた。他の先古典期後期から発展する遺跡にはセロ・デ・ラス・メサス遺跡などがある。また、オアハカやメキシコ西部では引続き独自の文化を築いている。マヤ地域では一時的にオルメカ文明の要素がみられるようになったが、その後、マヤ文明の基礎を築くようになる。そして、先古典期後期にはメソアメリカ南東部太平洋側においてカミナルフユ遺跡が最大の都市に成長する。ここでは、オルメカ文明の影響が顕著にみられたメソアメリカ南東部太平洋側のようすをみることにする。

　先古典期後期、メソアメリカ南東部太平洋側の中心となるカミナルフユ遺跡やイサパ遺跡では高い階段状方形基壇があった（図56、図57）。メソアメリカ南東部太平洋側やカミナルフユ遺跡を中心とした高地では、先古典期前期より土製建造物をつくり続けた。建造物の基線については、東偏 19-21°の基線がチアパ・デ・コルソ、イサパ遺跡やグァテマラ高地北斜面で適用されている。しかし、それぞれの遺跡で固有の建造物を持っており、1つの遺跡から広がったとは考えにくい。カミナルフユ遺跡とエル・サルバドル地域では同じ基線東偏 13-16°が使われた建造物もある。

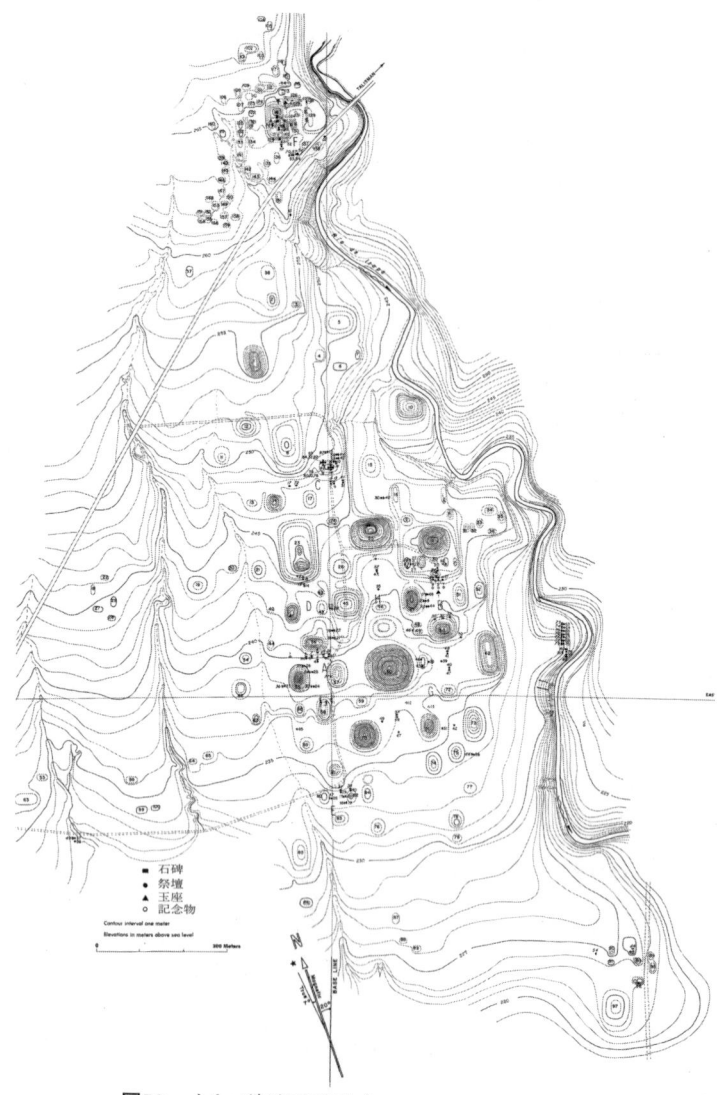

図56 イサパ遺跡平面図 (Lowe, et al. 1982より作成)

第6章　オルメカ文明の後継者　*201*

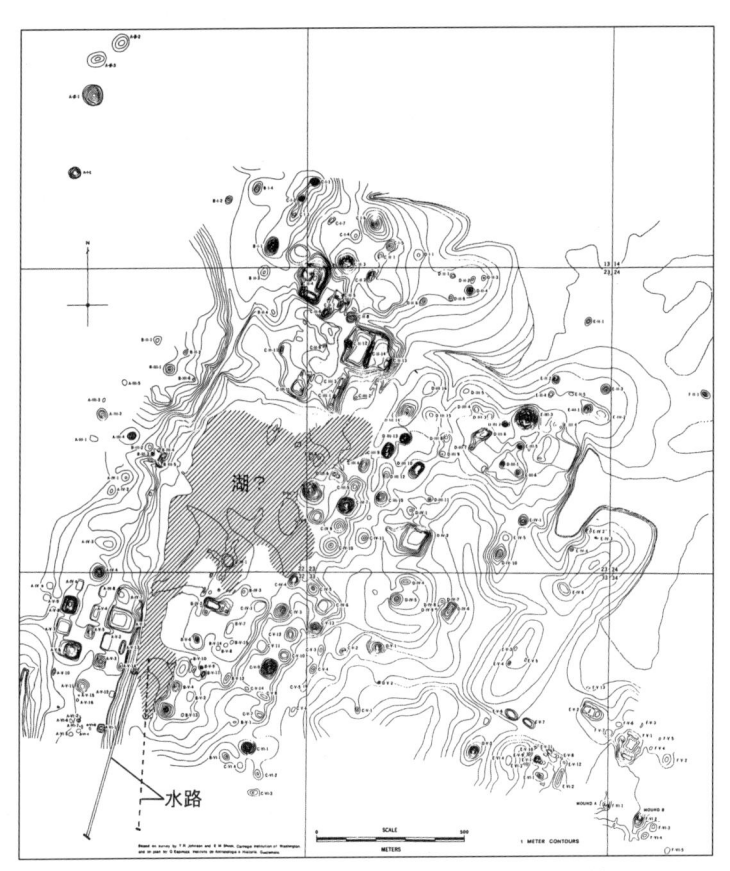

図57　カミナルフユ遺跡平面図（Hatch 1997より作成）

　カミナルフユ遺跡に代表されるメソアメリカ南東部太平洋側では長期間建造物が主として土でつくられた。カミナルフユ遺跡では、先古典期後期になると土製基壇が数多くつくられ、その上に有機質の材料でつくられた神殿が建設された。そして、そうした建造物10基以上が整然と秩序に従って建設された。また、カミナルフユ遺跡

の中心部分には湖があり、水路もつくられていたとされる（図57）。

2．文字資料

　メソアメリカ南東部太平洋側では、先古典期後期に日付のついた石碑が、建てられはじめる。また、7バクトゥンの日付を持つ石碑は、メソアメリカ南東部太平洋側に集中していることがわかる（図58）。一方、マヤ中部低地では、日付も不明である最古のマヤ文字が刻まれているとされるエル・ミラドール2号石碑などがつくられた。様式から先古典期後期とされる。また、先古典期中後期、マヤ中部低地のエル・ミラドール遺跡やナクベ遺跡などでは、石碑やその時期に相当する記念碑的石彫は少ない。マヤ中部低地で確認されている最も古い日付は紀元後292年である。この日付はメソアメリカ南東部太平洋側の日付と比較すると、新しいといえる。先古典期の文字資料は読むことができていないので、歴史を再構成する文献史料としては役立てることができない。しかし、メソアメリカにおいて文字文化があったことは確かである。

　一方、先古典期後期、メソアメリカ南東部太平洋側において記録される最後の日付は、タカリク・アバフ5号石碑の紀元後126年である。メソアメリカ南東部太平洋側には古典期前期の日付を持つ石碑はない。また、カミナルフユ遺跡では破壊された石碑が多く残されており、その中にこの時期の暦を刻んだ石碑があった可能性はある。この日付以降、メソアメリカ南東部太平洋側では、長期暦の日付がつく石碑は建立されていない。マヤ中部低地では古典期前期に長期暦の日付のある石碑が紀元後292年より建てられる。古典期前

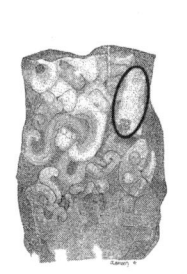

第6章 オルメカ文明の後継者 203

エル・ミラドール2号石碑 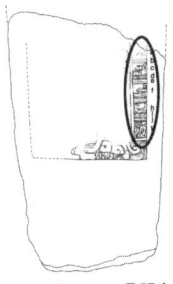　エル・ポルトン1号記念物 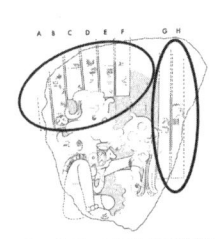　チャルチュアパ1号記念物

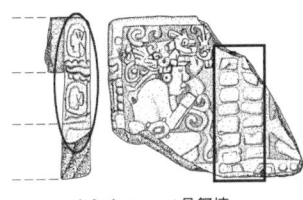

カミナルフユ1号祭壇

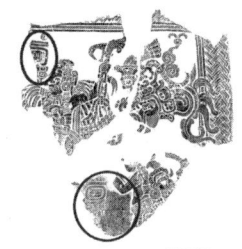

カミナルフユ10号石碑

マヤ地方の初期文字（黒枠＝文字が彫られた部分）

タカリク・アバフ2号石碑 　　エル・バウル1号石碑
7バクトゥンの日付を持つ石碑

図58　初期の文字と7バクトゥンの日付を持つ石碑（Hansen 1991、Sharer 1978、Sharer and Sedat 1987、Orrego 1990、Coe 1999他より作成）

期から古典期後期にかけては、マヤ中部低地で王の即位など歴史的事件が彫られた石碑が多く建てられている。しかし、マヤ中部低地からマヤ北部地域までに広がった長期暦が彫られた石碑は、トニナ遺跡の紀元後909年を最後に建てられなくなる。オルメカ文明より記録されてきた長期暦による記録の断絶である。

一方、ラ・ベンタ遺跡でつくられた1、2号石碑は物語を示すような情景が彫られている。この伝統は、イサパ遺跡において引き継がれている（図59）。イサパ5号石碑には、中央の樹の周りにさまざまな物語的な風景が表現されている。一方、イサパ1号石碑をみると、上部の帯に表現される人物の横には5イクの日付が記されている。これは、マヤの260日暦の日を示している。しかし、数字の表記の仕方はマヤ暦に示される方法とは異なり、丸い点のみで表現されている。

ところで、カミナルフユ遺跡では日付が彫られている石碑はほとんど残っていない。また、カミナルフユ遺跡では石彫に対する破壊活動が多くみられる。石碑は半分以上が破片である。オルメカ文明の石彫と同様に、儀礼的に破壊されたと考えられるのであろうか。一方、メソアメリカ南東部太平洋側のイサパ遺跡やタカリク・アバフ遺跡では破片になっている石碑は少なく、日付のついた石碑が残っている。このことを考えると、カミナルフユ遺跡では他と比べてより徹底的な破壊が行われた可能性がある。また、逆に考えると、破壊者達にとって、イサパ遺跡やタカリク・アバフ遺跡は活動を止めるだけで十分であったとも考えられる。儀礼的に破壊をして戦勝祈念をしていたとすることもできるが、何故カミナルフユ遺跡のみで多くの石彫が破壊されていたのかが説明できない。戦のためとす

5号石碑　　　　　　　　　　　1号石碑

イサパ遺跡：物語的な表現

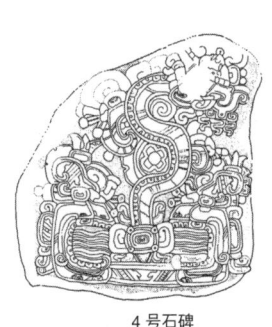

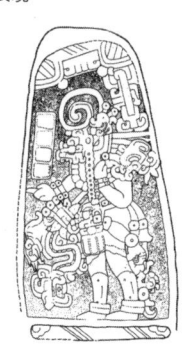

4号石碑　　　　　　　　　　　1号石碑

タカリク・アバフ遺跡：マヤの起源

図59　物語的な石碑とマヤ的な石碑（Orrego 1990、Norman 1976より作成）

るとカミナルフユ遺跡に侵入してきた勢力が石碑などの記念碑的な石彫を徹底的に破壊したと考えるほうが自然である。そのように考えると、カミナルフユ遺跡はきわめて重要な都市であったといえる。

マヤ中部低地では、風雨による浸食などで破損している石碑はあ

るが、破壊を受けている石碑は少ない。マヤ中部低地とメソアメリカ南東部太平洋側とを比較すると、マヤ中部低地では破壊を受けている石碑が少ない。一方、碑文などのマヤ文字研究によれば、古典期のマヤ中部低地では都市間の戦争が起こっていたとされる。それでも、マヤ中部低地では破壊されている石碑がカミナルフユ遺跡と比較すると少ないことも考慮すると、マヤ中部低地よりもカミナルフユ遺跡で激しい戦があった可能性が高い。先古典期末にはメソアメリカ南東部太平洋側からマヤ中部低地にかけて都市の放棄や縮小という事態が起こっている。このことから、この頃にメソアメリカ南東部に争乱が起こっていたことは確実である。そして、この争乱の中心地はカミナルフユ遺跡であり、この抗争のために石彫が破壊されていた可能性が強い。

3．四脚付テーブル状台座

　玉座もしくは祭壇は王権との関連がある。メソアメリカには四脚付テーブル状台座、三脚付テーブル状方・円形台座、椅子状石彫、高台付テーブル状台座、動物形象祭壇等がある。従来、四脚を持つテーブル状の石彫は『祭壇』、『玉座』または『テーブル状祭壇』と称されている。

　四脚付テーブル状台座は、上の板状部分と下に付く四本の脚からなる台座である。メソアメリカ南東部太平洋側を中心にメキシコ湾岸まで分布し、その時期も先古典期から後古典期に至る。石彫に表現される四脚付テーブル状台座は、そこに演出される場面、登場する人物の風体などから、当時の王権と密接に結びついている（伊藤

2001)。

　メソアメリカ南東部太平洋側では、メキシコ湾岸にみられるテーブル状祭壇はなく、四脚付テーブル状台座が特徴である。この地域の中心的なカミナルフユ遺跡では、オルメカ文明で玉座として使われたテーブル状祭壇の代わりに、四脚付テーブル状台座がみられる。この石彫は玉座として使用していたと考えられる。また、イサパ遺跡では、頭部をテーブル部側面につけた四脚付テーブル状台座がある。この地域においては、メキシコ湾岸にみられるテーブル状祭壇はテーブル部が四脚付テーブル状台座に、壁龕部分が人物を口の中に表現する怪物頭部として分離した。そして、怪物頭部はさらに発展して、上顎下顎が変化し、空と地の帯状部分として、カミナルフユ、タカリク・アバフ遺跡などで石碑に表現された。その口の中の出来事は石碑の主要部分に浮彫りされた。つまり、壁龕に関連して表現される神話と王権に関する装置が分離した結果、装置としての玉座は四脚付テーブル状台座となった。そして、人物が中にいる壁龕もしくは洞穴は、神話として石碑などに浮彫りされた。四脚付テーブル状台座の歴史を先古典期前期からみる。

　先古典期前期、オアハカ地方では土製小型四脚付テーブル状台座が出土している。しかし、これに後続する事例がなく、起源をオアハカに求めるのは難しい。一方、先古典期中期において、オルメカ文明の中心地であるラ・ベンタ遺跡の15号記念物が四脚付テーブル状台座石彫としては初現となる。アルタル・デ・サクリフィシオス遺跡の小型台座は先古典期中・後期とされる。このため、この台座の起源がマヤ中部もしくはメキシコ湾岸にあった可能性がある。

　先古典期後期、四脚付テーブル状台座を表現している遺物は、メ

ソアメリカ南東部太平洋側に集中している。イサパ遺跡では、1つの石でつくられた1号玉座と四脚付テーブル状台座が浮彫りされた8号石碑がある。タカリク・アバフ9、30号祭壇は台部が方形で脚部が下になるほど細くなる形をしている。また、先古典期後期の日付を持つ同5号石碑側面には、同様に台部が方形で下になる程細くなる脚部を持つ四脚付テーブル状台座が浮彫りされている。エル・ポルトン遺跡出土の台座付柱状石彫は丸彫りで、四脚付テーブル状台座の上に人が座っている。先古典期後期に、台形もしくは2段になるテーブル部や下になる程細くなる逆台形状の脚が増える。また、テーブル部の縁に彫られる平行な線もこの時期の特徴である。以上のことを考慮すると、イサパ2号玉座、カミナルフユ遺跡出土大型ベンチ・フィギア形石彫、同65号記念物に表現されている四脚付テーブル状台座は先古典期後期の可能性が高く、この時期にさまざまな形で四脚付テーブル状台座が表現され一般的なものとなっていた。

　この台座がどのような場面で使われているかを考古学的資料から考えよう。

　四脚付テーブル状台座形石彫は建造物に囲まれた広場もしくは建造物の階段に関連し出土している。そして、土器の彩文等でも、神殿内部、神殿の階段前や広場などに置かれていた状況が示される。この台座は神殿などの主要な建造物と関係が深いと考えられる。

　次に、この台座にのる対象を検討する。漆喰装飾、石碑などの浮彫りや壁画では、この台座上に人物が表現される。この人物は王もしくは神とされており、王権と密接な関係を持っている。土器、土偶などには、王や着飾った人物が台座の上に表現される。台座上の

着飾った人物は他に表現される人物と比較すると、衣装や装身具によって最も飾り立てられている。王もしくは支配者である可能性が高い。カミナルフユ65号記念物ではこの台座に座る人物が手を縛られた人物に対する。この人物と縛られた人物は頭飾り、首飾りなど装身具を着けており、高位の人物と考えられる。四脚付テーブル状台座は王もしくは支配者の威儀を示す装置であると考えられる。

タカリク・アバフ5号石碑や台座付柱状石彫では、四脚付テーブル状台座に地位の高い捕虜が座らされ、犠牲として捧げられている。人物以外では、首に縄がかけられたジャガーとサルが四脚付テーブル状台座の上に表現される。自己犠牲や捕虜などの犠牲を捧げる場としても四脚付テーブル状台座は考えられる。

イサパ、エル・タヒン遺跡では、異質な世界が浮彫りされる。四脚付テーブル状台座上には、内に人物が表現されるカルトゥーシュや円弧状に絡まる蛇も表現される。以上を考慮すると、現世と神話的世界をつなぐ場であるとも考えられる。

このように考えてくると、四脚付テーブル状台座形石彫は、政治的に重要な場であり、かつ儀礼において特別な場であった。四脚付テーブル状台座は、支配者もしくは王と密接な関係があり、権威の象徴であった。一方、この石彫は先古典期においてメソアメリカ南東部太平洋側に集中し、この地域の中心であるカミナルフユ遺跡では、さまざまな形で表現される。マヤ中部低地で栄えた古典期諸都市の王権の起源は、カミナルフユ遺跡を中心としたメソアメリカ南東部太平洋側にあった。

先古典期後期、メソアメリカ南東部太平洋側では、オルメカ文明のテーブル状祭壇のテーブル部と壁龕を含む台部の分離の過渡期に

あった。一方、神話と権威を一緒にした組織と決別するために、テーブル状祭壇などをサン・ロレンソ遺跡では破壊したのではないであろうか。そして、サン・ロレンソ遺跡より後に栄えたとされるラ・ベンタ遺跡では、その分離した組織を発展させようとしたのではないであろうか。しかし、ラ・ベンタ遺跡は先古典期後期に生き延びることなく、その役割はメソアメリカ南東部太平洋側のカミナルフユ、イサパ遺跡などに委ねられた。

4．壁龕と怪物の口

　四脚付テーブル状台座は、オルメカ文明における玉座であるテーブル状祭壇にみられる壁龕を持たない。壁龕部分で表現していたものは、独立した他の石彫で表現していた。この壁龕と関連する石彫が怪物の口を表現した石彫である。しかし、メソアメリカ南東部太平洋側の中心遺跡であるカミナルフユ遺跡では、口の中に人物が表現される怪物頭部石彫はない。カミナルフユ遺跡ではラ・ベンタ1号石碑と同様に、空と地の表現が石碑にみられる。

　イサパ2号記念物は、大きな口を開けた怪物頭部である。開けた口の中には人物が全身高浮彫りされている。タカリク・アバフ67号記念物は大きな口を開けた怪物の口の中に右手で棒状物を振り上げた姿が浮彫りされる（図60）。同25号記念物は、山の中腹にある大きな石に壁龕をつくり、そのなかに人物を浮彫りしている。同じく15号記念物は壁龕より出てくるジャガー人間を表現し（Porter 1981）、23号記念物は巨石人頭像を改造して壁龕部分をつくり、その中に座る人物を表現しているとされる（Porter 1981）。ロス・セ

67号記念物　　　　　　8号記念物

25号記念物（山の中腹におかれている）

図60　テーブル状祭壇の壁龕から分離したと思われる石彫
（タカリク・アバフ遺跡）

リトス2号記念物は、オムスビ形の石に壁龕部分を表現し、その中に立膝で両手を膝の上に置く人物を表現している（Bove 1989）。1例を除き、壁龕の人物と同様に、怪物の口の中には1人の人物が表現されている。

　オルメカ様式のチャルカツィンゴ1号記念物やトレス・サポテスD石碑では、背の高い頭飾り、スカート状衣裳などを着けた人物が

怪物の口の中に表現される（図22）。このチャルカツィンゴ1号記念物では、箱状物に座り、方形物を抱える。トレス・サポテス遺跡では、前に跪く人物、後ろに着飾った人物が立っている。この人物は、中心の人物と同様に、背の高い頭飾り、スカート状衣裳を着けて、さらに、右手に杖、左手にも何か持っている。地位の高い、支配者もしくは王が表現されている可能性が高い。イサパ遺跡などの石彫は浸食されて口の中の人物の詳細は不明であるが、ティルテペック、タカリク・アバフ、ロス・セリトス遺跡などでは、中にいる人物自体が稚拙であり、装身具などは表現されていない。メソアメリカ南東部太平洋側の稚拙な表現を考慮すると、壁龕に関連する物語自体が遠い地域での出来事として認識されていたかもしれない。そのために、具体的な光景が表現できなかった可能性がある（図48）。

　こうした石彫の出土状況をみてみよう。

　イサパ2号記念物は建造物（ギジェン期）と関連して出土している。タカリク・アバフ15、23、67号記念物は建造物の上もしくは前より出土している。同25号記念物は川に対する斜面にあった。ロス・セリトス2号記念物は、建造物北側より出土している。一方、タカリク・アバフ25号記念物は山の中腹に埋められたような状態で出土していることを考えると、その石彫に彫られた壁龕は洞穴を意味する可能性がある。一方、イサパ2号記念物、ロス・セリトス2号記念物の人物は椅子のようなものに座っている姿勢をしている。この風景は、チャルカツィンゴ1号記念物に示される人物と同様である。このように考えると、メソアメリカ南東部太平洋側ではオルメカ文明と同様に洞窟信仰があり、その信仰を表現するために石彫をつくっていたと考えられる。

5. 石　彫

　オルメカ文明以降の石彫について考えてみる。

　オルメカ文明以降に、石彫を盛んにつくっている地域をみると、メソアメリカ南東部太平洋側以外にみられない。古典期に凝灰岩や砂岩などで壮麗な石碑や祭壇石をつくるコパン遺跡やキリグア遺跡では、その初期には固い火成岩を使っており、時期による石材の変化が観察できる。一方、カミナルフユ遺跡では凝灰岩や砂岩のような柔らかい石でなく、硬い石を多用している。石材の変化は置かれていた政治的変化に対応したのか、あるいは石材の産地や石工技術の問題なのであろうか。

　ところで、マヤ低地では石碑と祭壇石の組合せは先古典期文化から継承されるが、カミナルフユ遺跡で花開いた多彩な石彫文化全体は引き継がない。エル・ポルトン遺跡は、グァテマラ高地と低地の中間地点にある先古典期後期までの遺跡である。初期の文字が彫られた石碑が出土している。石碑は支配者層と密接な関係を持っていた可能性が高く、マヤ低地の最初の日付はティカル29号石碑の紀元後292年であることを考え合わせると、カミナルフユ遺跡で栄えた石彫文化がマヤ低地に下がるときに石彫文化自体が取捨選択された可能性が高い。石碑は歴史的な事件を記録するものであるために、マヤ中部低地に政治的な理由でもたらされたものかもしれない。また、先古典期後期から古典期前期に移る際には大きな変動があったため、石碑以外の石彫はマヤ低地に下がるに際して捨てられたのかもしれない。そして、その石彫文化が取捨選択される際に、石材も

変化していったのかもしれない。

　以下では、古典期まで生き延びていく石碑・人物石像とカミナルフユ遺跡を中心とした地域に特徴的なベンチ・フィギア形石彫・片面浮彫り石彫・台座付柱状石彫から、オルメカ文明後の石彫文化を考えることとする（図61）。

石　碑

　カミナルフユ遺跡では先古典期中期にさかのぼる石碑がみられる。この時期には、自然石を利用して石碑をつくっており、元の石の形が残る石碑が多い。この地域のオルメカ様式を持つ石碑がみられるツツクリ遺跡では、1、2号石碑は方形に整形しているが、元の石の形の影響のためかその側部が斜めになっている。また、ツツクリ3、4号石碑は、自然石をそのまま使って、細長い石の表面に浮彫りを施している。カミナルフユ9号石碑は、玄武岩柱状石表面に浮彫りを施している（図50）。この時期のメソアメリカ南東部太平洋側の石碑は自然石のままかもしくは少し形を整えて石碑をつくっている。

　先古典期後期になると、ミラドール、チアパ・デ・コルソ、イサパ、タカリク・アバフなどの遺跡で、さまざまな形の石碑がある。先古典期中期よりも、さらに手が加えられた石碑が多いが、元の自然石の形が残る部分を持つ石碑もある。長方形の石碑のみでなく、さまざまな形の石碑が現れる。タカリク・アバフ2号石碑は、側部に2箇所凹み部分をつくっている（図58）。この形は、後の時期には継承されない。縦に長い長方形の石碑は、当該地域全域でみられ、最も一般的な石碑である。先古典期中期に出現し、後古典期まで続

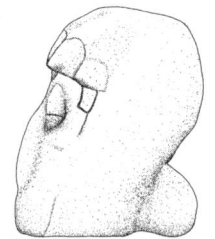

第6章 オルメカ文明の後継者　215

タカリク・アバフ遺跡出土

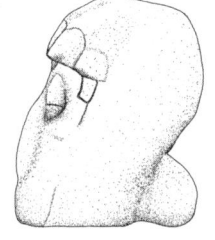

カミナルフユ遺跡出土
横位ホゾ付石彫

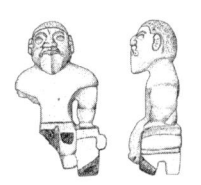

カミナルフユ
4号シルエット

片面浮き彫り

ベンチ・フィギア形石彫

サン・ロレンソ107号記念物

図61　オルメカ文明後の石彫とサン・ロレンソ107号記念物
　　　（De Leon 1996他より作成）

く。このなかで、柱状の石碑は、頂部に溝が彫られたり、段状にされたりしている。このため、石碑として使用された可能性とともに、他の目的が考えられる。横に長い長方形の石碑や角などが円くなる石碑は、カミナルフユ遺跡とコツマルワパ地域を中心にみられるが、

そこからはなれたトニナ遺跡でもみられる。最初に先古典期後期に出現し、後の時期まで続く。上部が斜めになる石碑は、先古典期後期に限られる。上部が細くなる石碑は、元の石の形が残る石碑もあり、先古典期後期から古典期にかけてみられる。大半は、イサパ遺跡とコツマルワパ地域に限られる。タカリク・アバフ1号石碑を考慮すると、先古典期に遡る可能性がある。段がみられる石碑は2基のみで、先古典期後期に出現している。楕円形になる石碑は、先古典期後期に限られイサパ遺跡のみである。不規則な形の石碑は、先古典期中期からみられる。

　石碑の形を規定するのは何であろうか。主題に従って形が決められている可能性がある。一方、浮彫りが施された自然石に近い石碑、彫られた部分のない石碑もあることを考慮すると、最初に自然石をみて、何かを感じ、そこに感じ取ったものを彫りこみ、その後に石碑として整形した可能性も想定することができる。一方、あまり形が整えられずに、一面のみが平らにされている石碑がしばしばみられる。このことは、まず、自然石に何かを感じ、それを彫った可能性を裏づけている。石碑の形は、時期が古いほど、手を加える前の石の形をとどめていることが多い。また、先古典期のものほど曲線を有効に利用している。時期が下ると、定型化し、直線的な側部頂部を持つ石碑が多くなる。このことから、本来、石碑は最初に聖なる石をみて感じるところを彫り込み、その彫り込む内容に従って石碑の形を決定し、整形したと考えられる。一方、何も彫刻されていない石碑が各地にみられる。その形は一定していない。これらは、製作途中の可能性がある。漆喰が塗られていた彫刻のない石碑を考慮すると、彩色する前に表面を漆喰で整えるか、そのままで使われ

た可能性も考えられる。

人物石像

メソアメリカ南東部太平洋側では、ほぼ全域にわたって、先古典期中期から後古典期まで人物石像はある。立像、座像と四つん這いの姿勢が観察できる。

メソアメリカ南東部太平洋側における石像は座像が多い。手の位置はさまざまであるが、多くは胡座を組む。また、正座をしている石像は、ほとんどが後手に縛られる。立て膝の石像では、多くは腕を交差させるか前に垂らす。この前に腕を垂らす石像は、姿勢が座っているジャガーの石像に似ている。四つん這いになる姿勢で、頭部が残る事例では、頭頂から顎までを覆うマスク状頭飾りを着け、前を向いている。頭飾りは、頭頂から顎までを覆うマスク状頭飾り、円筒形もしくは下端にやや厚い縁がつく円錐形頭飾り、丸い背の高い頭飾り、ヘルメット状頭飾り、筒状の帽子、紐状物が巻きつく頭飾り、三角形の頭飾り、後部で二股に分かれる頭飾り、前に垂れる幅広の帯状頭飾り、ベレー帽状頭飾り、鉢巻、先が尖る頭飾りなどがある。このうちでは、頭頂から顎までを覆うマスク状頭飾りが多い。耳飾りは円形のものがほとんどである。円形垂飾や房状垂飾を下に着ける耳飾りもある。また、耳飾りをつけるための穿孔のみが施された石像もよくみられる。

首飾りについては、紐状首飾りが多く、ビーズを使った首飾りは少ない。襞付帯状首飾りが、カミナルフユ遺跡を中心とした地域でみられる。カミナルフユ遺跡では、蝶ネクタイと板状飾りが組合わさる首飾りがみられる。腕飾りについては、帯状かビーズを連ねた

ものである。手首が多いが、上腕部分にもみられる。上半身の衣裳については、マント状衣裳が多い。下半身の衣裳は、フンドシばかりである。単純なものが多いが、前に垂れる部分が長いものや幅広のものもある。飾りがフンドシにつく場合もある。しかし、スカート状衣裳もみられる。足飾りについては、足首や膝下に帯状もしくは輪状の単純な飾りが着けられる。履物については、ほとんど表現されていないが、唯一、サンダルが観察できる。得物は円筒形状のものを持っている例がある。

メソアメリカ南東部太平洋側における石像の特徴をメソアメリカ他地域の石像と比較するとメキシコ湾岸が最も多くの要素を共有している。たとえば、メキシコ湾岸などオルメカ文明には丸い背の高い頭飾りがみられる。メキシコ湾岸のラ・ベンタ71号記念物はトナラ地域でみられる背の高い頭飾りの一部と考えられる。飾りがつくフンドシもあるが、こうした事例はラ・ベンタ23号記念物にもみられる。メキシコ湾岸のオルメカ文明の石彫と強い繋がりが考えられる。

台座付柱状石彫

　角・円柱状の脚を石像の下に持つ石彫は、メソアメリカのみならずメソアメリカ地域以外にも分布している（図50）。この石彫のうちで、台座付柱状石彫はメキシコ湾岸からテワンテペック地峡を通りエル・サルバドルにかけて分布し、少し離れてニカラグアのサパテラ島そしてパナマのロス・バリレス遺跡がその南限となる。また、その北限はメキシコ西部地方にまでのびる可能性がある。

　台座を支える軸部は円柱状より角柱状のものが多い。また、円柱

状軸部は一般によく整形されている。幾何学文の線刻や浮彫が軸部に施されることもある。一方、グァテマラ高地では円柱状軸部に直接のるジャガーや猿を表現する石彫があり、軸部は石像部を高い位置に上げるための装置であるとも考えられる。円柱状軸部に対応する台座部はほとんどが円形台座で、その側面には浮彫や線刻が施されることもある。角柱状軸部に対応する台座は総て方形で、単純な方形台座と四脚付方形台座に大体半々に分かれる。四脚付方形台座はカミナルフユ遺跡を中心にグァテマラからエル・サルバドルにかけての太平洋側斜面にみられる。装飾も脚もない方形台座はメキシコ湾岸とメソアメリカ南東部太平洋側に分布している。また、二脚付方形台座はカミナルフユ遺跡とタカリク・アバフ遺跡で出土している。

石像部には人とジャガーが最も多く表現される。足を投げ出して座る人物像はオルメカ文明の中心であったラ・ベンタ遺跡とカミナルフユ遺跡を中心としたグァテマラ高地にみられる。ラ・ベンタ遺跡の事例はほとんど身に何も纏っていないが（図9）、グァテマラ高地の事例は着飾った人物を表現している。正座する人物像はメキシコ湾岸とイサパ遺跡そしてグァテマラ高地北斜面のエル・ポルトン遺跡まで分布している。一方、ジャガーはすべて座像で、メソアメリカ南東部太平洋側に限られ、大半がさまざまな頭飾りを着けている。

台座付柱状石彫は先古典期中期にはつくられはじめていた。その起源について、ラ・ベンタ遺跡のあるメキシコ湾岸なのか、カミナルフユ遺跡のあるグァテマラ高地なのかははっきりしない。しかし、ラ・ベンタ遺跡以降メキシコ湾岸では台座付柱状石彫はつくられな

いが、メソアメリカ南東部太平洋側では先古典期中期以降もつくられており、メソアメリカ南東部太平洋側にその起源を持つ可能性が高い。また、先古典期後期以前には確実にジャガーや人を形象した四脚付方形台座もしくは方形台座を持つ台座付柱状石彫がグァテマラ高地でつくられていた。分布と時期をみると、カミナルフユ遺跡を中心に分布し、先古典期後期が中心となる。

ベンチ・フィギア形石彫ときのこ石

ベンチ・フィギアと呼ばれる石彫はベンチ（台座部）とフィギア（像部）からなる小型の石彫である（図61）。メキシコ湾岸からゲレロ州にかけての地域に分布の北限があり、メソアメリカ南東部太平洋側に集中している。また、メソアメリカ南東部太平洋側でもグァテマラ高地に集中している。チアパス州出土のベンチ・フィギア形石彫は、先古典期後期前後に位置づけられる遺物と関連していた（Navarrete 1972）。

また、きのこ石はメソアメリカ南東部太平洋側を中心にみられる小型の石彫である（図50）。その起源は明らかでないが、カミナルフユ遺跡では先古典期後期の墓などから出土している。この小型の石彫は、しばしば単独で畑などから出土している。このために豊穣儀礼などと関連付けることもできるが、その用途は不明である。

片面（シルエット）浮彫り

メソアメリカ南東部太平洋側では、グァテマラ高地のカミナルフユ遺跡を中心に分布している（図61）。カミナルフユ遺跡以外では出土していても各遺跡1点であり、カミナルフユ遺跡に特有な石彫

であるといえる。

　大半は人物を表現している。他には、動物、幾何学文などが浮彫りされる。人物の装身具に特徴がある。頭飾りをみていくと、動物形象頭飾り、扇状頭飾り、三角形の頭飾り、リボン状頭飾りがある。耳飾りでは、円形耳飾りが大半である。鼻飾りはカミナルフユ遺跡のみに表現があり、両端がやや下を向く棒状である。さまざまな首飾りがみられる。三叉状首飾り、襞付帯状首飾り、骸骨形象板状垂飾付首飾り、結び目のある首飾り、紐状首飾りがある。また、棒と円から成る首飾り 2 例、円が連なる首飾りもあり、ヒスイ製の可能性が高い。上半身に衣裳を着けているのが確実に判る事例はほとんどない。腕飾りは、上腕部と手首に着けられる。帯状腕飾り、円が連なる腕飾りがある。このうちで、上腕部と手首部分に腕飾りが確認できる人物もある。

　次に、下半身をみる。フンドシ、下の衣裳、足飾り、履物が表現される。フンドシの帯部分には、怪物の仮面が着いたり、二本の帯が絡まるものもある。フンドシ以外では、スカート状衣裳、パンツ状衣裳もある。一方、石斧、双頭の蛇、棒状物を持つ人物もある。また、帯で背中に動物を背負っている。足飾りは、帯状、先の尖った板状物をはさむ足飾り、襞付帯状足飾り、結び目のある円盤状足飾りがある。履物はカミナルフユ遺跡のみで、サンダルがある。装身具以外は、人物もしくは動物を支える下の台、人物を表現するための枠、そして球戯場のゴールが人物の周囲に表現されている。台部分では、渦巻など幾何学文の台、双頭蛇の頭部、怪物の頭部、神の頭部、ムシロが浮彫りされた台がある。人物 2 人と球戯用ゴールがのる方形台もある。動物はサル、ヘビ、シカ、トリが表現されて

いる。

　片面浮彫りに表現される人物とメソアメリカ南東部太平洋側出土記念物的石彫にみられる人物の特徴を比較する。片面浮彫りにみられる頭飾りについては、この地域のカミナルフユ、イサパ遺跡などに同じ表現がみられる。耳飾りは円形耳飾りが多く、メソアメリカ南東部太平洋側の傾向と同じである。L字状装飾付円形耳飾りは、イサパ遺跡などでは人間というよりは特殊な人物もしくは神の装身具として表現される。鼻飾りは1例のみであり、メソアメリカ南東部太平洋側の石彫全体でもごく少なく、外来の要素かもしれない。

　首飾りは、メソアメリカ南東部太平洋側に一般的にみられる首飾りが多い。円と棒が組み合わされる首飾りは古典期マヤ低地にみられる特徴で、王と関連して表現される。腕飾りについては、この地域によくみられる腕飾りが多い。人物が乗る台には、神や動物も表現される。また、片面浮彫りで人物の周りを囲む双頭のヘビは、イサパ、カミナルフユ遺跡に多くみられる。一方、球戯のゴールも表現される事例があり、球戯と密接に関連していることも考えられる。カミナルフユ2号シルエットはメソアメリカできわめて重要な役割を担っていた球戯のゴールである。

　片面浮彫りに表現される人物は、メソアメリカ南東部太平洋側にみられる特徴を持っている。しかし、異質な特徴もみられるため、外来の要素が入ってきた可能性もある。また、きわめて特別な人物もしくは神を表現していると考えられる。片面浮彫りの首飾りからは、王権との関わりも考えられる。このように考えると、片面浮彫りはメソアメリカ南東部太平洋側において重要な役割を担っていたと考えられる。

この石彫の起源については不明である。タカリク・アバフ遺跡では不定形の 2 号石碑がある。こうした不定形の石彫が発展した可能性もある。一方、オルメカ文明に属するサン・ロレンソ遺跡では猫科動物と人物を表現した107号記念物が出土している（図61）。この石彫には片面浮彫りの透かしに相当するような部分もある。この石彫が 3 次元的丸彫りであることを考慮すると、3 次元的なものからより 2 次元的な片面浮彫りへと変化したとも考えられる。

横位ホゾ付石彫

メソアメリカ南東部太平洋側の横位ホゾ付石彫には人物、ヘビ、ジャガーなどさまざまなものが表現される。数量だけならば、メキシコ中央部のテオティワカン遺跡やテナユカ遺跡では同じ表現のヘビ形象横位ホゾ付石彫が多量にみられる。メソアメリカ南東部太平洋側ではほとんど総ての形象が異なり、数も多い。メソアメリカ南東部太平洋側ではそれぞれが独自の表現をしている。

この横位ホゾ付石彫の起源については、太った人物形象横位ホゾ付石彫などはオルメカの影響を受けたとされる。これが事実ならば、横位ホゾ付石彫は先古典期中期までさかのぼることができるが、出土状況等が不明なため確認できない。このため、現時点ではタカリク・アバフ遺跡の先古典期後期が最も古い（図61）。しかし、これは後の横位ホゾ付石彫に続かない。また、カミナルフユ遺跡アクロポリス地区出土石彫がエスペランサ期（古典期中期）の建造物近くから出土しており、横位ホゾ付石彫の時期が分かる最も古い例といえる。このエスペランサ期の建造物はテオティワカン様式であることを考慮すると、テオティワカン遺跡が起源という可能性も否定で

きない。

　しかし、多様な横位ホゾ付石彫が出土しているメソアメリカ南東部太平洋側の状況は、テオティワカン遺跡に起源を求めても説明できない。メソアメリカ南東部太平洋側以外では、メキシコ湾岸のハラパン遺跡出土石彫が唯一メソアメリカ南東部太平洋側の横位ホゾ付石彫とよく似ている。また、人物の上半身を表現する横位ホゾ付石彫はトレス・サポテス遺跡周辺地域にもみられるが、メソアメリカ南東部太平洋側との共通点はない。また、建築物の一部分として使われていたようである。

6. 生　業

　メソアメリカでは、先古典期後期以降になると、生業のなかで農耕が重要性を増してくる。以下、先古典期後期以降の農耕についてまとめることとする。

　メキシコ中央高原テティンパ遺跡では、集落と畑が火山灰に覆われて出土したために、先古典期後期の耕地と集落との関係が判明した（図44）。ここでは、中庭を持つ集合住宅と耕地が組合わさっている景観が復元できる。また、テティンパ遺跡では地下のフラスコ状ピットから、地上のクエスコマテへという食糧貯蔵の形態変化が起こった。都市文化の影響下に入っていくなかで、集落の景観も変わった可能性がある。

　一方、オルメカ文明の代表的集落もしくは都市であるサン・ロレンソ遺跡やラ・ベンタ遺跡と次の先古典期後期に重要な都市となるカミナルフユ遺跡やテオティワカン遺跡とを比較すると、その立地

に違いがみられる。オルメカ文明の集落や都市が立地しているのは川や低湿地に囲まれた熱帯雨林のジャングルである。一方、カミナルフユ遺跡やテオティワカン遺跡が立地しているのは高地である。カミナルフユ遺跡は1500m、テオティワカン遺跡は2300mの標高がある。また、両者とも比較的平らな盆地にあり、オルメカ文明が栄えた低地の熱帯雨林のジャングルとは大きく異なっている。カミナルフユ遺跡やテオティワカン遺跡では集約的農耕を行っていた灌漑用水路と考えられている遺構も出土している。また、テオティワカン遺跡では近くの沼沢地でチナンパを営んでいたと考えている研究者もいる（伊藤 2007）。

メソアメリカで出土しているオルメカ文明が栄えた先古典期中期より後の植物遺存体についてまとめよう。

トウモロコシ、インゲンマメ、テパリービーン、ベニバナインゲン、ペポカボチャ、ヒョウタン、ミクスタカボチャ、アボカドはオルメカ文明よりも前に栽培化された。モスタチャカボチャはオルメカの時期に栽培化されている。また、マメが重要性を増すのは生産性が増した先古典期後期とされる。一方、イネ科エノコログサ属、アマラント、グアへ、ケアリタソウ、アメリカアブラヤシ、リュウゼツラン、ホコーテ、トウガラシ、ヒョウタン、マメイ、黒サポーテ、白サポーテ、コサウイコ、ホオズキ、カカオもみられる。先古典期には、栽培化された植物（トウモロコシ、マメ、カボチャ）が大きな比重を占めつつあった。しかし、先古典期以前に重要な役割を担っていた、ケアリタソウ、ヒモゲイトウなどの採集植物は、依然として出土している。したがって、先古典期においては、農耕と採集は共存していたが、栽培植物の生産性は増していたとされてい

る。

　オルメカ文明が栄えたメキシコ湾岸の遺跡では、周りを沼沢地や川に囲まれ限られた土地に生活の場があった。しかし、カミナルフユ遺跡やテオティワカン遺跡は平坦な広い盆地に立地している。先古典期後期には、限られていた土地に居を構えることを止めて、農耕による生産性を増大させるためにより広い耕地を求めて、カミナルフユ遺跡やテオティワカン遺跡が立地するより広くて平坦な盆地に活動の場を移したのかもしれない。

第7章　オルメカ文明の果たした役割

1．集落と都市

　オルメカ文明を最初に形作ったサン・ロレンソ遺跡では集落をつくり、巨大な石彫をつくりはじめた。ラ・ベンタ遺跡では、メソアメリカで初めて巨大な土製建造物がつくられ、基線に従って建造物を配置する都市が建設された。

　オルメカ文明より遅れて、先古典期後期にはカミナルフユ遺跡がマヤ地方において最大の都市に成長する。また、メソアメリカ南東部太平洋側やメキシコ湾岸では、先古典期前期から土製建造物がつくられ続けた。カミナルフユ遺跡に代表されるメソアメリカ南東部太平洋側では長期間建造物が主として土でつくられた。カミナルフユ遺跡では、中心部分には湖があり、水路もつくられていたとされる。

　一方、メキシコ中央部のテオティワカン遺跡では、ピラミッド神殿が整然と配置されるメソアメリカ最大の都市が建設された。マヤ中部低地ではエル・ミラドール遺跡において巨大なアクロポリスがつくられ、記念碑的な建造物が石灰岩の巨大ブロックでつくられている。しかし、メソアメリカ文明において、最初に記念碑的な建造物をつくり、建造物を基線に従って配置した都市を先駆的に建設したのはオルメカ文明であった。

2. 文字と碑文

　オルメカ文明が栄えたメキシコ湾岸地方の可能性もあるが、現時点ではメソアメリカで文字がつくられたのはオアハカといえる。しかし、先古典期後期に、メソアメリカ南東部太平洋側では、長期暦の日付を彫った石碑が建てられはじめる。また、7バクトゥンの日付を持つ石碑は、メソアメリカ南東部太平洋側に集中している。オルメカ文明が栄えたメキシコ湾岸ではトレス・サポテス石碑Cのみが7バクトゥンの日付を持っている。一方、マヤ中部低地では、石碑や先古典期後期に相当する記念碑的石彫は少ない。マヤ中部低地では古典期前期に長期暦の日付のある石碑が紀元後292年より建てられる。

　メキシコ湾岸のオルメカ人たちが物語的な情景を彫った石碑は、メソアメリカ南東部太平洋側のイサパ遺跡などに引き継がれている。そして、文字によって歴史が刻まれる碑文に変化していった。

　オルメカ文明の中心地であるメキシコ湾岸において文字はオアハカにやや遅れて使用が始まったといえる。しかし、石碑に歴史的もしくは神話的な出来事を記録する習慣はオルメカ人たちによって始まった。

3. 玉　座

　オルメカ文明では、最初に玉座を記念碑的な石彫としてつくりはじめた。また、その玉座はテーブル状祭壇として基本的に1つの石

第 7 章 オルメカ文明の果たした役割　*229*

でつくられた。メソアメリカ南東部太平洋側の中心遺跡であるカミナルフユ遺跡では、オルメカ文明で玉座として使われたテーブル状祭壇の代わりに、四脚付テーブル状台座がつくられた。この石彫は玉座として使用されていたが、この地域において、メキシコ湾岸にみられるテーブル状台座は、テーブル部を中心とした部分が四脚付テーブル状祭壇に、壁龕を中心とした部分が口の中に人物を表現する怪物頭部へと分離した。そして、怪物頭部はさらに変化して、上顎下顎が空と地を表す帯状部分として、カミナルフユ、タカリク・アバフなどの遺跡では石碑の上と下の部分に彫られ、その上下の帯状部分の間に神話上もしくは歴史的な出来事が彫られた。すなわち、壁龕と関連して表現される神話もしくは歴史的な出来事と王権に関する装置部分が分離した結果、装置としての玉座は四脚付テーブル状台座に変化したのである。壁龕部分は上下に地空の帯を持ち、洞窟内に人物とともに表現される神話などが彫られた石碑になった。

　先古典期後期、メソアメリカ南東部太平洋側では、オルメカ文明のテーブル状祭壇のテーブル部と壁龕を含む台部の分離の過渡期にあった。また、オルメカ文明の都市であるラ・ベンタ遺跡では、その分離した政治もしくは宗教的組織を発展させようとした。しかし、ラ・ベンタ遺跡は先古典期後期に生き延びることなく、その役割はメソアメリカ南東部太平洋側の初期マヤ文明の特徴を持つカミナルフユ、イサパ遺跡などに委ねられた。このように考えていくと、政治もしくは宗教的な組織を最初に整備したのはオルメカ人たちであったといえる。

4. 石 彫

　オルメカ文明の特徴のひとつである巨大な石彫は、オルメカ文明後にどうなったのであろうか。オルメカ文明以降では、メソアメリカ南東部太平洋側において盛んに石彫をつくっている。また、古典期にその文化が花開くマヤ中部低地では、初期に硬い火成岩を使っており、時期による石材の変化が観察できる。カミナルフユ遺跡では凝灰岩や砂岩のような柔らかい石でなく硬い石を多用している。一方、マヤ中部低地では石碑と祭壇石の組合せを先古典期文化から継承した。石碑は歴史的な事件を記録するものであるために、マヤ中部低地に政治的な理由でもたらされたものかもしれない。オルメカ文明では巨大な石彫をつくることにより、自己主張をしていた。また、サン・ロレンソ遺跡からラ・ベンタ遺跡にオルメカ文明の中心が移るときに石碑が多くつくられるようになった。そして、そうした石碑を定型化し碑文もしくは神話・歴史的出来事を彫るようになり、最後にはマヤ文字で記録を残した。オルメカ文明は巨大石彫を最初につくり、権威や神話などを表現した。

　このような石彫文化において、古典期まで生き延びていく石碑・人物石像とカミナルフユ遺跡を中心とした地域に特徴的なベンチ・フィギア形石彫・片面浮彫り石彫・台座付柱状石彫からオルメカ文明後の石彫文化を考える。

　先古典期中期のオルメカ様式の石碑は自然石を利用して石碑をつくっているが、元の石の形が残る石碑が多い。一方、メソアメリカ南東部太平洋側の中心であるカミナルフユ遺跡では、先古典期中期

にさかのぼる自然の玄武岩柱に浮彫りを施している石碑がある。しかし、オアハカのダンサンテ様式に似ている。また、この時期のメソアメリカ南東部太平洋側の石碑は自然石のままかもしくは少し形を整えて石碑をつくっているため、不規則な形の石碑もある。先古典期後期になると、さまざまな形の石碑がある。先古典期中期よりも、さらに手が加えられた石碑が多いが、元の自然石の形が残る部分を持つ石碑もある。

石碑については、オルメカ様式の石碑と同様に自然のままの石を使うことが多いが、先古典期後期から徐々に定型化していったと考えられる。オルメカ文明では自然石から石碑という表現手段を見出し、メソアメリカ南東部太平洋側ではその物語的表現を発展させ、そして、文字を刻み碑文として表現することを広めていったと考えられる。オアハカの初期の石碑なども考慮すると、メソアメリカ太平洋側ではオルメカが発展したメキシコ湾岸のみでなくサポテカ文字が発展したオアハカの文化も取り入れられた可能性が考えられる。オルメカ文明では先駆的に物語的な表現を石碑に表現することを行ったといえる。

一方、人物石像は、メソアメリカ南東部太平洋側のほぼ全域にわたって、先古典期中期から後古典期までつくられている。立像、座像と四つん這いの姿勢が観察できる。メソアメリカ南東部太平洋側における人物石像は座像が多い。メソアメリカ南東部太平洋側における石像の特徴をメソアメリカ他地域の石像と比較するとメキシコ湾岸が最も多くの要素を共有している。そして、メキシコ湾岸のオルメカ文明の石彫と強い繋がりが考えられ、この石彫の伝統を引き継いだ可能性がある。

角・円柱状の脚を石像の下に持つ石彫は、メソアメリカのみならずメソアメリカ地域以外にも分布している。この石彫のうちで、足を投げ出して座る人物像部はラ・ベンタ遺跡（メキシコ湾岸）とカミナルフユ遺跡を中心としたグァテマラ高地にみられる。台座付柱状石彫は先古典期中期にはつくられはじめていた。その起源について、ラ・ベンタ遺跡のあるメキシコ湾岸なのか、カミナルフユ遺跡のあるグァテマラ高地なのかははっきりしない。この石彫の時期と分布をみると、カミナルフユ遺跡を中心に分布し、先古典期後期が中心となる。このように考えると、オルメカ文明が栄えたメキシコ湾岸とマヤ文明が形成されるメソアメリカ南東部太平洋側では相互に影響を与えていた可能性がある。

　先古典期後期前後に位置づけられるベンチ・フィギア形石彫はメキシコ湾岸からゲレロ州にかけての地域に分布の北限があり、メソアメリカ南東部太平洋側に集中している。オルメカ文明と関連付けられる可能性がある。

　一方、きのこ石はメソアメリカ南東部太平洋側を中心にみられる小型の石彫である。その起源は明らかでないが、カミナルフユ遺跡では先古典期後期の墓などから出土している。この小型の石彫は、しばしば単独で畑などから出土している。このために豊穣儀礼などと関連付けることもできる。

　片面浮彫り石彫は、グァテマラ高地のカミナルフユ遺跡を中心にメソアメリカ南東部太平洋側に限られている。この遺跡以外では出土していても各遺跡1点であり、カミナルフユ遺跡に特有な石彫である。大半は人物を表現している。他には、動物、幾何学文などが浮彫りされる。片面浮彫りはメソアメリカ南東部太平洋側において

重要な役割を担っていたが、その起源については不明である。タカリク・アバフ遺跡では不定形の2号石碑がある。こうした不定形の石彫が発展した可能性もある。一方、オルメカ文明に属するサン・ロレンソ遺跡では猫科動物と人物を表現した107号記念物が出土している。この石彫には片面浮彫りが持っている透かし部分も観察できる。107号記念物が3次元的丸彫りであることを考慮すると、メソアメリカ南東部太平洋側で3次元的石彫からより2次元的な片面浮彫りへと変化したとも考えられる。

メソアメリカ南東部太平洋側の横位ホゾ付石彫には人物、ヘビ、ジャガーなどの頭部がその端部で表現される。メソアメリカ南東部太平洋側ではそれぞれが独自の表現をしている。太った人物形象横位ホゾ付石彫などはオルメカの影響を受けたとされる。現時点ではこの形の石彫はタカリク・アバフ遺跡の先古典期後期が最も古い。また、人物の上半身を表現する横位ホゾ付石彫はトレス・サポテス遺跡周辺地域にもみられるが、メソアメリカ南東部太平洋側との共通点はない。

オルメカ文明ではメソアメリカで最初に巨大な石彫をつくりだした。この石彫づくりは後代に引き継がれ、オルメカ文明の末期には他地域でその刺激を受けて、その地方独特な石彫をつくりはじめた。また、逆に他地域の石彫が、オルメカ文明の中心であるメキシコ湾岸の石彫に影響を与えることもあった。石彫からみるとオルメカ文明は石彫づくりの先駆者といえる。そして、後世の石彫文化に刺激を与えた。

5. 生　業

　メソアメリカでは、先古典期後期以降になると、生業のなかで農耕が重要性を増してくる。メキシコ中央高原では、先古典期後期の耕地と集落との関係が判明した。ここでは、中庭を持つ集合住宅と耕地が組合わさっている景観が復元できる。また、テティンパ遺跡では地下のフラスコ状ピットから、地上のクエスコマテへという食糧貯蔵の形態変化が起こった。都市文化の影響下に入っていくなかで、集落の景観も変わった可能性がある。

　オルメカ文明が栄えた先古典期中期より後のメソアメリカで出土している栽培植物についてまとめよう。

　トウモロコシ、インゲンマメ、テパリービーン、ベニバナインゲン、ペポカボチャ、ヒョウタン、ミクスタカボチャ、アボカドはオルメカ文明よりも前に栽培化された。モスタチャカボチャはオルメカの時期に栽培化されている。また、マメが重要性を増すのは生産性が増した先古典期後期とされる。先古典期には、栽培化された植物（トウモロコシ、マメ、カボチャ）が大きな比重を占めつつあった。しかし、先古典期以前に重要な役割を担っていた野生植物は、依然として採集されていた。先古典期、農耕と採集は共存していた。しかし、先古典期後期には農耕による生産性を増大させるために、広い耕地を得られる場所に生活の場を移した可能性がある。

　一方、サン・ロレンソ遺跡やラ・ベンタ遺跡では大規模な土木工事を行っていた。こうして考えると、耕地を増大させる土木技術を先古典期中期に発展させ、後代に耕地開発の可能性を与えたのはオ

ルメカ人といえるかもしれない。そして、次の先古典期後期に重要な都市となるカミナルフユ遺跡やテオティワカン遺跡の経済基盤を整備する技術を先駆的に開発したといえる。そして、その土木技術が後世の集落や都市における耕作地を造成するときに役立っていたかもしれない。

6．メソアメリカ文明におけるオルメカ

　集落と都市、文字と碑文、玉座、石彫、生業という点から、オルメカ文明は何かということを考えてみると、メソアメリカで初めて記念碑的な建築物をつくり、都市を建設した文明といえる。その都市には石碑が建てられ、支配者が座る玉座もつくられた。また、人物などが表現される丸彫りの石像などの石彫も置かれていた。生業は農耕が始められていたが、狩猟・採集・漁撈も行われていた。また、家畜もいた可能性がある。そして、ラ・ベンタ遺跡の石像に表現されているように大きな海棲哺乳類も利用されていた可能性がある。

　このように考えていくと、オルメカ文明は、経済基盤を農耕や家畜にだけでなく、狩猟・採集・漁撈にも比重をおいている都市文明であったと考えられる。そして、後世のメソアメリカ文明の基礎の多くをつくったと考えられる。

オルメカ文明編年表

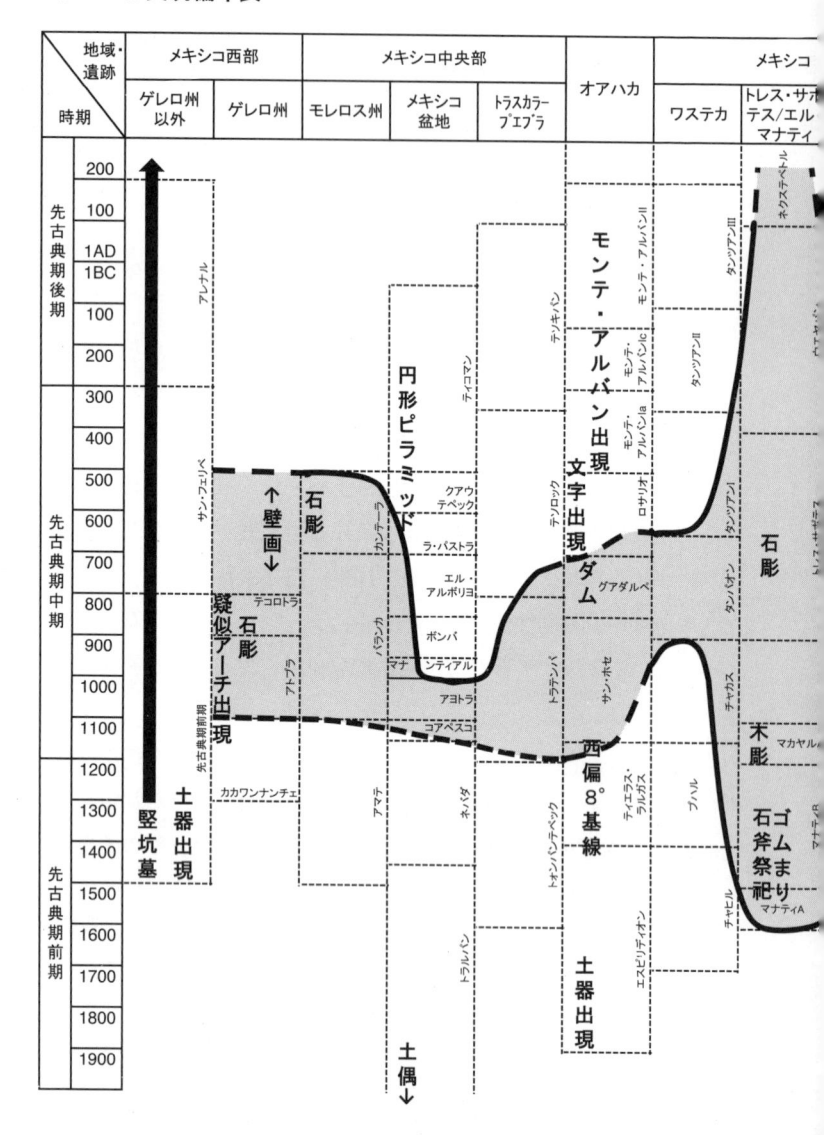

時期		地域・遺跡	メキシコ西部		メキシコ中央部			オアハカ	メキシコ	
			ゲレロ州以外	ゲレロ州	モレロス州	メキシコ盆地	トラスカラ・プエブラ		ワステカ	トレス・サポテス/エル・マナティ
先古典期後期	200									
	100							モンテ・アルバン出現 文字出現 ダム		
	1AD/1BC									
	100									
	200									
先古典期中期	300				円形ピラミッド					
	400									
	500			↑壁画↓	石彫					石彫
	600									
	700									
	800			石彫						
	900			疑似アーチ出現						
	1000									木彫
	1100									
先古典期前期	1200		竪坑墓 土器出現					西偏8°基線 土器出現		石斧 ゴムまつり祭祀
	1300									
	1400									
	1500									
	1600									
	1700									
	1800					↓土偶				
	1900									

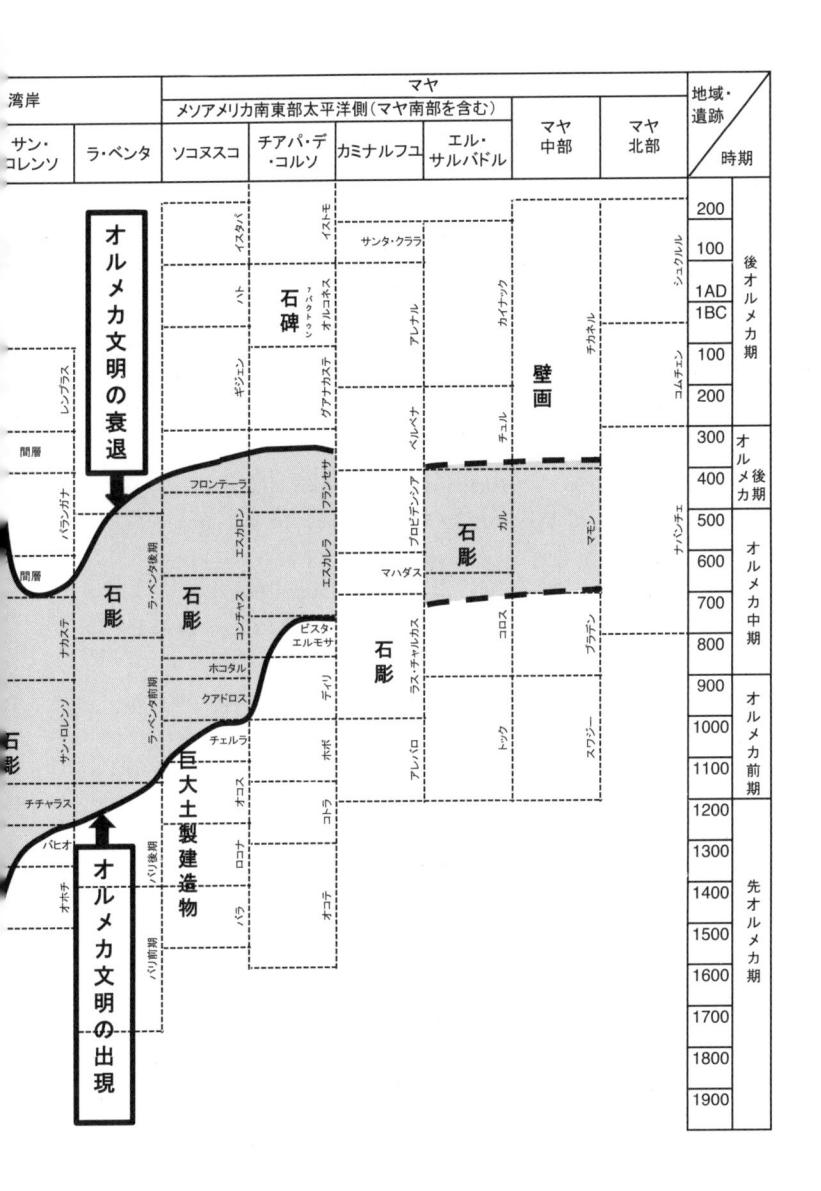

湾岸		マヤ						地域・遺跡
		メソアメリカ南東部太平洋側（マヤ南部を含む）				マヤ中部	マヤ北部	
サン・ロレンソ	ラ・ベンタ	ソコヌスコ	チアパ・デ・コルソ	カミナルフユ	エル・サルバドル			時期

			イスタパ	イストモ	サンタ・クララ		カイナック	チカネル	200
				イスルコネス パクトゥン					100
				石碑				シュクルル	1AD
			サンヘロ二モ		アレナル				1BC
オルメカ文明の衰退			グアナカステ				壁画	コムチェン	100
				ベルメホ	チュル				200
	間層		フロンテーラ		フロレシェンテ		カル	チカネル	300
		ラ・ベンタ後期	エスカレラ	エスペロン	マハダス	石彫		ナベンチェ	400
	パランガナ								500
	間層	石彫	石彫	コンチャス					600
	ナカステ			ビスタ・エルモサ			コロス		700
石彫					石彫				800
	ラ・ベンタ前期		ホコタル	ディリ	ラス・チャルカス		トック	プラテン	900
サン・ロレンソ		巨大土製建造物	クアドロス					スウェシー	1000
	チェラーラ			ホボ					1100
チチャラス	バホ後期		オコス		アレバロ				1200
バホ				コトラ					1300
									1400
オルメカ文明の出現	バリ前期			オコテ					1500
	オホチ								1600
									1700
									1800
									1900

後オルメカ期
オルメカ後期
オルメカ中期
オルメカ前期
先オルメカ期

参考文献一覧

全体に関わる文献

青山和夫・猪俣健『メソアメリカの考古学』同成社、1997年。
伊藤伸幸『メソアメリカ先古典期文化の研究』渓水社、2010年。
貞末堯司編『マヤとインカ：王権の成立と展開』同成社、2005年。
M・コウ他著、寺田和夫監訳『古代のアメリカ』朝倉書店、1989年。
  (Coe, M., et al. (1986) Atlas of Ancient America, New York)
M・コウ著、加藤泰建・長谷川悦夫訳『古代マヤ文明』創元社、2003年。
Benson, E. and B. de la Fuente (eds.) (1996) *Olmec Art of Ancient Mexico*, Washington.
Bernal, I. (1968) *El Mundo Olmeca*, México.
Clark, J. E. (ed.) (1994) *Los Olmecas en Mesoamérica*, México.
Clark, J. E. and M. E. Pye (eds.) (2000) *Olmec Art and Archaeology in Mesoamerica*, Washington.
Diehl, R. (2004) *The Olmecs: America's First Civilization*, London.
Grove, D. and R. Joyce (eds.) (1999) *Social Patterns in Pre-Classic Mesoamerica*, Washington.
Guthrie, J. (ed.) (1996) *The Olmec World: Ritual and Rulership*, Princeton.
Piña C., R. (1982) *Los Olmecas Antiguos*, México.
Powis, T. G. (ed.) (2005) *New Perspectives on Formative Mesoamerican Cultures*, Oxford.

第1章

伊藤伸幸『メソアメリカ先古典期文化の研究』博士論文、名古屋大学大学院、2007年。
Coe, M. and R. Diehl (1980) *In the Land of the Olmec*, Austin.
Covarrubias, M. (1942) "Origen y desarollo del estilo artístico 'olmeca'", in *Mayas y Olmecas*, pp.46-49.
Covarrubias, M. (1957) *Indian Art of Mexico and Central America*, New York.
Drucker, P. (1952) *La Venta, Tabasco: A Study of Olmec Ceramics and Art*,

Bureau of American Ethnology, Bulletin 153, Washington.

Grove, D. (ed.) (1987) *Ancient Chalcatzingo*, Austin.

Kirchhoff, P. (1943) "Mesoamérica", *Acta Americana* 1: 92-107.

Lauer, W. (1986) "El espacio natural", in H. Prem and U. Dyckerhoff (ed.), *El Antiguo México*, pp.13-26.

Martínez D.,G. (1985) "El sitio olmeca de Teopantecuanitlán en Guerrero", *Anales de Antropología* 22: 215-226.

Melgar, J. M. (1869) "Antigüedades mexicanas", *Boletín de la Sociedad Mexicana de Geografía e Estadística* 2: 292-297.

Orrego C., M. (1990) *Investigaciones Arqueológicas en Abaj Takalik, El Asintal, Ret alhuleu, Año 1988, Reporte No.1*, Guatemala.

Ortiz, P and M. del C. Rodríguez (1994) "Los espacios sagrados olmecas", in Clark, J. (ed.) (1994) *Los Olmecas en Mesoamérica*, pp.69-91.

Pool, C. (ed.) (2003) *Settlement Archeology & Political Economy at Tres Zapotes, Veracruz, Mexico*, Los Angeles.

Sharer, R. (ed.) (1978) *The Prehistory of Chalchuapa, El Salvador* 1-3, Philadelphia.

Stirling, M. W. (1943) *Stone Monuments of Southern Mexico, Bureau of American Ethnology, Bulletin* 138, Washington.

Stirling, M. W. (1955) "Stone Monuments of the Rio Chiquito, Veracruz, Mexico" *Smithsonian Institution Bureau of American Ethnology, Bulletin* 157, pp.1-23.

Vaillant, G. (1932) "A Pre-Columbian Jade", *Natural History* 32: 512-520.

第2章

赤澤威他編『最初のアメリカ人』岩波書店、1992年。

赤澤威他編『新大陸文明の盛衰』岩波書店、1993年。

伊藤伸幸「メソアメリカ先古典期における植物遺存体に関する一考察」『名古屋大学文学部研究論集』152、2005年。

Brockmann, A. (2004) *La pesca indígena en México*, México.

Lauer, W. (1986) 第1章文献参照。

Niederberger, C. (1976) *Zoapilco, Cinco Milenios de Ocupación Humana en un Sitio de la Cuenca de México*, México.

Valadez A., R.（2003）*La domesticación animal*, México.

Vanderwarker, A. M.（2006）*Farming, Hunting and Fishing in the Olmec World*, Austin.

Voorhies, B.（1976）*The Chantuto People, Papers of the New World Archaeological Foundation* 41, Brigham Young University, Provo.

第 3 章

伊藤伸幸「Olmeca（オルメカ）文化におけるジャガー（豹）信仰の理解に向けて」『北陸史学』37、1988年。

伊藤伸幸　2005年　第 1 章文献参照。

伊藤伸幸　2007年　第 1 章文献参照。

伊藤伸幸『メソアメリカ先古典期文化の研究』渓水社、2010年。

Agrinier, P.（1984）T*he Early Olmec Horizon at Mirador, Chiapas, Mexico, Papers of the New World Archaeological Foundation* 48, Provo.

Blake, M. and V. Feddema（1991）"Paso de la Amada", in *Primer Foro de Arqueología de Chiapas*, pp.75-85.

Cobean, R., et al.（1971）"Obsidian Trade at San Lorenzo Tenochtitlán, Mexico", *Science* 174: 666-671.

Coe, M.（1981）"Gift of the River", in E. Benson（ed.）*The Olmec & Their Neighbors*, pp.15-20.

Coe, M. and R. Diehl（1980）第 1 章文献参照。

Covarrubias, M.（1957）第 1 章文献参照。

Cyphers, A.（1994）"Olmec Sculpture", *National Geographic Research & Exploration* 10(3): 294-305.

Cyphers, A. and A. Castro（1996）"Los artefactos multiperforados de ilmenita en San Lorenzo", *Arqueología* 16: 3-13.

Flannery, K. and J. Marcus（1994）*Early Formative Pottery of the Valley of Oaxaca, Mexico*, Ann Arbor.

Flannery, K. and J. Marcus（2007）"Las sociedades jerárquicas oaxaqueñas y el intercambio con los olmecas", *Arqueología Mexicana* 87: 71-76.

Grove, D.（1970）*Los murales de la cueva de Oxtotitlan Acatlan Guerrero, México*.

Grove, D. (1973) "Olmec Altars and Myths", *Archaeology* 26(2): 128-135.

Grove, D. (1981) "Olmec Monuments: Mutilation as a Clue to Meaning", in E. Benson (ed.), *The Olmec & Their Neighbors*, pp.49-68.

Grove, D. (1984) *Chalcatzingo*, London.

Grove, D. (ed.) (1987) 第1章文献参照。

Gillespie, S. (1996) "Llano de Jícaro", *Arqueología* 16: 29-42.

Gillespie, S. (1999) "Olmec Thrones as Ancestral Altars", in J. Robb (ed.) *Material Symbols*, pp. 224-253.

Lee, T. (2007) "Los olmecas en Chiapas", *Arqueología Mexicana* 87: 66-70.

Marcus, J. (1992) *Mesoamerican Writing Systems*, Princeton.

Marcus, J. and K. Flannery (1996) *Zapotec Civilization*, London.

Parsons, L. (1986) *The Origins of Maya Art*, Washington.

Piña C., R. (1958) *Tlatilco* I, México.

Pohl, M., et al. (2002) "Olmec Origins of Mesoamerican Writing", *Science* 298:1984-87.

Porter, J. (1989) "Olmec Colossal Heads as Recarved Thrones", *RES* 17/18: 23-29.

Pye, M. and A. Demarest (1991) "The Evolution of Complex Societies in Southeastern Mesoamerica", in W. Fowler, Jr. (ed.) *The Formation of Complex Society in Southeastern Mesoamerica*, pp.77-100.

Raab, M., et al. (2000) "Testing at Isla Alor in the La Venta Olmec Hinterland", *Journal of Field Archaeology* 27(3): 257-270.

Reyna R., R. and G. Martínez D. (1989) "Hallazgos funerarios de la época olmeca en Chilpancingo, Guerrero", *Arqueología* 1: 13-22.

Rust, W. and B. Leyden (1994) "Evidence of Maize Use at Early and Middle Preclassic La Venta Olmec Sites", in S. Johan (ed.) *Corn and Culture in the Prehistoric New World*, pp.181-201.

Seitz, R., et al. (2001) "'Olmec Blue' and Formative Jade Sources", *Antiquity* 75: 687-688.

Stirling, M. W. (1943) 第1章文献参照。

Viel, R. (1993) *Evolución de la Cerámica de Copan, Honduras*, Tegucigalpa and México.

Wendt, C.（2007）"Los olmecas: Los primeros petroleros", *Arqueología Mexicana* 87: 56-59.

第 4 章

伊藤伸幸　2007年　第 1 章文献参照。

Berger, R., et al.（1967）"A Reconsideration of the Age of the La Venta Site", *Contributions of the University of California Archaeological Research Facility* 3: 1-24.

Boggs, S.（1950）"'Olmec'Pictographs in the Las Victorias Group, Chalchuapa Archaeological Zone, El Salvador", *Notes on Middle American Archaeology and Ethnology* 99, Cambridge.

Clark, J. E., et al.（2000）*Olmec Art and Archaeology in Mesoamerica*, Washington.

Coe, M.（1968）"America's First Civilization", in E. Benson（ed.）*Dumbarton Oaks Conference on the Olmec, Oct. 28th and 29th*, 1967, pp.41-78.

Coe, M. and R. Diehl（1980）第 1 章文献参照。

Cruz C., O. and R. Silva（2007）"Pieza olmeca en la cueva Hato Viejo Olancho, Honduras", *Arqueología Mexicana* 81: 75-77.

Cyphers, A.（2007）"Surgimiento y decadencia de San Lorenzo, Veracruz", *Arqueología Mexicana* 87: 36-42.

Cyphers, A. and A. Castro（1996）第 3 章文献参照。

Drucker, P.（1952）第 1 章文献参照。

Drucker, P., et al.（1959）*Excavations at La Venta, Tabasco, 1955, Bureau of American Ethnology, Bulletin* 170, Washington.

Ekholm, G.（1973）*The Olmec Rock Carving at Xoc, Chiapas, Mexico, Papers of the New World Archaeological Foundation* 29, Provo.

Gay, C.（1967）"Oldest Paintings of the New World", *Natural History* 76: 28-35.

González, R.（2004）"Escultura monumental olmeca", in M. Uriarte and L. Cicero（ed.）*Acercarse y Mirar*, pp.75-106.

González, R.（2007）"El complejo A, La Venta, Tabasco", *Arqueología Mexicana* 87: 59-54.

Grove, D.（1970）第 3 章文献参照。

Grove, D.（1984）第 3 章文献参照。

Grove, D.（ed.）（1987）第 1 章文献参照。

Heizer, R.（1968）第 3 章文献参照。

Jiménez S., O.（1990）"Geomorfología de la región de La Venta, Tabasco", *Arqueología* 3: 5-16.

Martínez D., G.（1985）第 1 章文献参照。

Martínez D., G.（1986）"Teopantecuanitlán", in R. Cervantes-D.（ed.）*Arqueología y Etnohistoria del Estado de Guerrero*, pp.55-80.

McDonald, A.（1983）*Tzutzuculi, Papers of the New World Archaeological Foundation* 47, Provo.

Orrego C., M.（1990）第 1 章文献参照。

Ortiz, P and M. del C. Rodríguez（1994）第 1 章文献参照。

Pool, C.（2000）"From Olmec to Epi-Olmec at Tres Zapotes, Veracruz, Mexico", in J. Clark and M. Pye（ed.）*Olmec Art and Archaeology in Mesoamerica*, pp. 137-153.

Pool, C.（ed.）（2003）第 1 章文献参照。

Reyna R., R. and G. Martínez D.（1989）第 3 章文献参照。

Rust, W. and R. Sharer（1988）"Olmec Settlement Data from La Venta, Tabasco, Mexico", *Science* 242: 102-104.

Sharer, R.（ed.）（1978）第 1 章文献参照。

Villela, F. S.（1989）"Nuevo testimonio rupestre en el oriente de Guerrero", *Arqueología* 2: 37-48.

第 5 章

伊藤伸幸 2010年 第 3 章文献参照。

Agrinier, P.（1975）*Mound 1a, Chiapa de Corzo, Chiapas, Mexico, Papers of the New World Archaeological Foundation* 37, Provo.

Amaroli, P.（M.S.）（2009）*Milpas prehispánica en El Salvador*, San Salvador.

Andrews, W., IV and W. Andrews, V（1980）*Excavations at Dzibilchaltun, Yucatan, Mexico, Publication* 48, New Orleans.

Barrientos Q., T.（2000）"Kaminaljuyú: ¿Una sociedad hidráulica?", in J. P. Laporte and H. Escobedo（ed.）*XIII Simposio de Investigaciones Arqueológicas en Guatemala*, pp.29-55.

Coe, M. and K. Flannery（1967）*Early Cultures and Ecology in South Coastal Guatemala*, Washington.

Demarest, A.（1986）*The Archaeology of Santa Leticia and Rise of Maya Civilization*, New Orleans.

Flannery, K. and J. Marcus（1994）第 3 章文献参照。

Flannery, K. and J. Marcus（2005）*Excavations at San José Mogote 1*, Ann Arbor.

Graham, J. and L. Benson（1990）"Escultura olmeca y maya sobre canto en Abaj Takalik", *Arqueología* 3: 77-84.

Hammond, N.（ed.）（1991）*Cuello*, Cambridge.

Hansen, R.（1990）*Excavations in the Tigre Complex, El Mirador, Petén, Guatemala*, Papers of the New World Archaeological Foundation 62, Provo.

Henderson, J. S.（1979）*Atopula, Guerrero and Olmec Horizons in Mesoamerica*, New Haven.

Hill, W., et al.（1998）"Ball Court Design Dates Back 3,400 Years", *Nature* 392: 878-879.

Love, M.（1990）"La Blanca y el preclásico medio en la costa del Pacífico", *Arqueología* 3: 67-76.

Lowe, G., et al.（1982）*Izapa, Papers of the New World Archaeological Foundation* 31, Provo.

Marcus, J. and K. Flannery（1996）第 3 章文献参照。

Martínez, G. and R. Hansen（1992）"Notas adicionales de la estructura 1 de Nakbe", in J. P. Laporte, et al.（ed.）*V Simposio de Investigaciones Arqueológicas en Guatemala*, pp.103-113.

Martínez, A.（1978）*Don Martin, Chiapas: Inferencias Económico-Social de una Comunidad Arqueológica*, México.

McClung, E., et al.（1986）"Formative Lacustrine Adaptation", *Journal of Field Archaeology* 13(1): 99-113.

Merino C., B. and A. García C.（1989）"El formativo en la cuenca baja del Pánuco", in M. Macias（ed.）*El Preclásico o Formativo*, pp.101-118.

Merino C., B. and A. García C.（2002）"El formativo temprano en la cuenca baja del río Pánuco", *Arqueología* 28: 49-74.

Meseta C., L. and J. Ramos de la Vega（1998）"Excavating the Tomb at

Huitzilapa", in R. Townsend (ed.) *Ancient West Mexico*, pp.53-69.

Mountjoy, J. (1989) "Algunas observaciones sobre el desarrollo del preclásico en la llanura costera del Occidente", in M. Macias (ed.) *El Preclásico o Formativo*, pp.11-26.

Oliveros, J. (1974) "Nuevas exploraciones en El Opeño, Michoacán", in Betty Bell (ed.) *The Archaeology of West Mexico*, pp.182-201.

Parsons, L. (1986) 第3章文献参照

Plunket, P. and G. Uruñuela (1998) "Preclassic Household Patterns Preserved under Volcanic Ash at Tetimpa, Puebla, Mexico", *Latin American Antiquity* 9 (4) : 287-309.

Ramos de la V., J. and M. Mesta C. (1996) "Datos preliminares sobre el descubrimiento de una tumba de tiro en el sitio de Huitzilapa, Jalisco", *Ancient Mesoamerica* 7(1): 121-134.

Reyna R., R. M. and L. González Q. (1978) "Resultados del análisis botánico de formaciones troncocónicas en 'Loma Torremote', Cuatitlan, edo. de México", in F. Sánchez M. (ed.) *Arqueobotánica*, pp.33-41.

Ricketson, Jr., O. (1937) *Uaxactun, Guatemala: Group E 1926-1931*, Carnegie Institution of Washington, Washington, D.C.

Robertson, R. and D. Freidel (1986) *Archaeology at Cerros Belize, Central America* 1, Dallas.

Saturno, W., K. Taube, D. Stuart, and H. Hurst (2005) "Los murales de San Bartolo, El Petén, Guatemala" *Ancient America* 7: 1-56.

Serra P., M.C. (1980) "La unidad habitacional en Terremote-Tlaltenco, D. F." *Anales de Antropología* 17: 167-185.

Serra P., M. C. (2004) *Cerámica de Xochitécatl*, México.

Serra P., M. C., J. Lazcano A., and L. Torres S. (2001) "Actividades rituales en Xochitécatl-Cacaxtla, Tlaxcala", *Arqueología* 25: 71-88.

Schávelzon, D. (1983) *La Pirámide de Cuicuilco*, México.

Schmidt S., P. (1990) *Arqueología de Xochipala, Guerrero*, México.

Shook, E. and A. Kidder (1952) *Mound E-III-3, Kaminaljuyu, Guatemala*, American Anthropology and History 53, Publication 596, pp.33-127.

Townsend, R. (ed.) (1998) *Ancient West Mexico*, London.

Uruñuela, G., et al.（1998）"Areas de actividad en unidades domésticas del formativo terminal en Tetimpa, Puebla" *Arqueología* 20: 3-19.

Uruñuela, G., et al.（2001）" ¿ 'De piedra ha de ser cama...' ? ", *Arqueología* 25: 3-22.

Whalen, M.（ed.）（1981）*Excavations at Santo Domingo Tomaltepec*, Ann Arbor.

Whitley, D. and M. Beauty（ed.）（1989）*Investigaciones Arqueológicas en la Costa Sur de Guatemala*, Los Angeles.

第6章

伊藤伸幸「南メソアメリカ太平洋側斜面の四脚付テーブル状台座形石彫」『名古屋大学文学部研究論集』140、2001。

Bove, F.（1989）*Formative Settlement Patterns on the Pacific Coast of Guatemala, BAR International Series* 493, Oxford.

Coe, M.（1999）第3章文献参照。

De Leon, F.（1996）*Informe final, proyecto de rescate y salvamento arqueológico Kaminaljuyú*, Guatemala.

Hansen, R.（1991）"Proyecto regional de investigaciones arqueológicas del norte de Peten, Guatemala", in J. P. Laporte, et al.（ed.）*IV Simposio de Investigaciones Arqueológicas en Guatemala*, pp.1-36.

Hatch, M. P. de（1997）*Kaminaljuyú/San Jorge*, Guatemala.

Lowe, et al.（1982）第5章文献参照。

Navarrete, C.（1972）"Fechamiento para un tipo de esculturas del sur de Mesoamérica", *Anales de Antropología* 9:45-52.

Norman, V.（1976）*Izapa Sculpture 2, Papers of the New World Archaeological Foundation* 30, Provo.

Orrego C., M.（1990）第1章文献参照。

Porter W., M.（1981）*The Aztec, Maya, and Their Predecessors*, Second edition, New York.

Sharer, R.（ed.）（1978）第1章文献参照。

Sharer, R. and D. Sedat（1987）*Archaeological Investigations in the Northern Maya Highlands, Guatemala*, Philadelphia.

遺跡索引
(五十音順)

ア行

アキレス・セルダン（メソアメリカ南東部太平洋側、太平洋岸、先古典期前期、植物遺存体） 39

アコルワ（メキシコ中央部、後古典期、段々畑） 73

アトプラ（ゲレロ州、先古典期前・中期） 160, 163

アマルカン（メキシコ中央部、先古典期、農耕に関する遺構） 77

アロヨ・ソンソ（メキシコ湾岸、オルメカ様式石彫） 46, 53

アルタミラノ（メキシコ湾岸、ワステカ地域、先古典期前期‐後期） 176

アルタル・デ・サクリフィシオス（マヤ中部低地、先古典期中期‐後古典期） 207

アンティグア・クスカトラン（メソアメリカ南東部太平洋側、先古典期中・後期） 76, 78

イサパ（メソアメリカ南東部太平洋側、先古典期前期‐後古典期、拠点遺跡） 179, 181, 199, 212, 214, 228

ウィチパラ（メキシコ西部、先古典期後期‐古典期前期、竪坑墓文化） 161

エステロ・ラボン（メキシコ湾岸、オルメカ様式石彫） 46

エル・アルボリジョ（メキシコ盆地、先古典期中期） 164

エル・エバノ（メキシコ湾岸、ワステカ地域、先古典期中期、円形土製建造物） 68

エル・オペニョ（メキシコ西部、先古典期前期、竪坑墓文化） 161

エル・ガヨ洞くつ（メキシコ中央部、先古典期中期） 41

エル・タヒン（メキシコ湾岸、古典期‐後古典期） 209

エル・バウル（メソアメリカ南東部太平洋側、先古典期中期‐後古典期） 80

エル・ポルトン（メソアメリカ南東部太平洋側、グァテマラ高地北斜面、先古典期中・後期） 208, 213, 219

エル・マナティ（メキシコ湾岸、先古典期前・中期、祭祀遺跡） 28, 115, 121

エル・マルケシヨ（メキシコ湾岸、先古典期、テーブル状祭壇） 46, 84

エル・ミラドール（マヤ中部低地、先古典期中・後期、拠点遺跡） 193, 202, 227

オストティトラン（ゲレロ州、先古典期、洞くつ壁画）　25, 29, 82, 96, 101, 137
オホ・デ・アグア（メソアメリカ南東部、太平洋岸、オルメカ様式石彫）　46, 53, 89

カ行

カカワシキ（ゲレロ州、先古典期中期、洞くつ壁画）　111, 133
カミナルフユ（メソアメリカ南東部太平洋側、グァテマラ高地、先古典期前期 - 後古典期）　68, 178, 187, 199, 202, 214, 220, 223, 224, 229, 234
キナル（マヤ中部低地、古典期後期、貯水池）　77
ギラ・ナキス（オアハカ、古期、植物の栽培化）　39, 40
キリグア（マヤ中部低地、古典期）　213
クアチルコ（オアハカ、先古典期中・後期、集落遺跡）　171
クアウトロアパン（メキシコ湾岸、オルメカ様式石彫）　46
グァルピータ（メキシコ中央部、先古典期中・後期）　163
クイカトラン（オアハカ、先古典期中期 - 後古典期）　96
クィクィルコ（メキシコ盆地、先古典期中・後期）　68, 164, 167
クエヨ（マヤ中部低地、先古典期前期 - 後古典期）　189
クルス・デ・ミラグロ（メキシコ湾岸、オルメカ様式石彫）　46
コツマルワパ（エル・バウル、ビルバオなどの遺跡群、先古典期中期 - 後古典期）　215
コバタ（メキシコ湾岸、最大の巨石人頭像）　46
コパン（マヤ中部低地、先古典期前期 - 後古典期）　77, 144, 178

サ行

サカテンコ（メキシコ盆地、先古典期中期）　73, 164
サリーナス・ラ・ブランカ（メソアメリカ南東部太平洋側、太平洋岸、先古典期前・中期）　184
サン・アントニオ（メキシコ湾岸、オルメカ様式石彫）　46, 53
サン・クリストバル（メソアメリカ南東部太平洋側、グァテマラ高地北斜面、オルメカ様式小石像）　46, 144
サン・バルトロ（マヤ中部低地、先古典期後期、オルメカ様式が混じった初期マヤ様式壁画）　193
サン・ホセ・モゴーテ（オアハカ、先古典期前・中期、拠点遺跡）　68, 78, 105, 172

サン・マルティン・パハパン（メキシコ湾岸、オルメカ様式石彫）　46, 53, 56, 65

サン・ミゲル・アムコ（ゲレロ州、オルメカ様式石彫）　46

サン・ロレンソ（サン・ロレンソ、ロマ・デ・サポテ、テノチティトラン、エステロ・ラボンの4地区からなるオルメカ文明初期の拠点遺跡、先古典期前期 - 後期）　13, 15, 23, 24, 27, 46, 50, 84, 91, 115, 116, 177, 223, 227, 234

サンタ・イサベル・イスタパン（メキシコ盆地、古インディオ期、絶滅巨大動物など）　33

サンタ・カタリナ（メキシコ盆地、先古典期中期、集落遺跡）　167

サンタ・クララ・ハルストック（メキシコ中央部、先古典期中期、灌漑用水路）　76

サンタ・ルイサ（メキシコ湾岸、ベラクルス州中央部、先古典期前期 - 後期）　177

サンタ・レティシア（メソアメリカ南東部太平洋側高地、先古典期中後期）　188

サント・ドミンゴ・トマルテペック（オアハカ盆地、先古典期前期 - 後期、集団墓地）　175

ジビルチャルトゥン（マヤ北部、先古典期中期 - 後古典期）　195

ショチテカトル（メキシコ中央部、先古典期中・後期）　170

ショック（メソアメリカ南東部太平洋側、チアパス高地北斜面、先古典期中期、オルメカ様式の浮彫り）　26, 46, 57, 144

シン・カベサス（メソアメリカ南東部太平洋側、太平洋岸、先古典期後期）　184

セロ・デ・ラス・メサス（メキシコ湾岸、拠点遺跡、先古典期後期 - 後古典期）　199

セロス（マヤ中部低地、先古典期後期、ベリーズのカリブ海に面した拠点遺跡）　77, 191

セロン・グランデ（メソアメリカ南東部太平洋側、畝状遺構）　76

ソアピルコ（メキシコ盆地、先古典期前・中期、最古の土偶）　39, 40, 43, 164

ソチパラ（メキシコ中央部、先古典期中期 - 後古典期）　160, 163

タ行

タカリク・アバフ（メソアメリカ南東部太平洋側、グァテマラ高地、先古典

期 - 古典期、オルメカ様式とマヤ様式が共存)　　26, 29, 46, 57, 68, 80, 144, 147, 202, 208, 212, 219, 223

タマリンディト (マヤ中部低地、古典期、ダム状遺構)　　77

タマウリパス (メソアメリカ辺境地域、タマウリパス州、古期 - 先古典期、植物の栽培化)　　36, 38, 39

チアパ・デ・コルソ (メソアメリカ南東部太平洋側、チアパス高地、先古典期前期 - 後古典期)　　80, 144, 179, 184, 199, 214

チャルカツィンゴ (メキシコ中央部、モレロス州、先古典期中・後期、拠点遺跡、オルメカ様式の浮彫り)　　25, 29, 46, 57, 62, 69, 84, 88, 90, 91, 96, 129, 167, 212

チャルチュアパ (メソアメリカ南東部太平洋側、高地、オルメカ様式の浮彫り、拠点遺跡)　　13, 15, 26, 29, 46, 57, 58, 144, 150

チャンチュート (メソアメリカ南東部太平洋側、太平洋岸、古期 - 古典期前期、漁撈集落遺跡)　　43, 179

チュピクアロ (メキシコ西部、先古典期後期)　　160

チルパンシンゴ (ゲレロ州、先古典期中期、持送式アーチの石室墓)　　25, 133

チロ (メソアメリカ南東部太平洋側、太平洋岸、先古典期前期、植物遺存体)　　39

ツツクリ (メソアメリカ南東部太平洋側、太平洋岸、拠点遺跡、先古典期前期 - 後期)　　26, 46, 62, 64, 94, 145, 214

ティカル (マヤ中部低地、拠点遺跡、先古典期中期 - 古典期後期)　　77, 213

ティコマン (メキシコ盆地、先古典期後期)　　73, 164

ティルテペック (メソアメリカ南東部太平洋側、オルメカ様式の石彫)　　26, 46, 212

テウチトラン (メキシコ西部、竪坑墓文化の拠点遺跡、先古典期前期 - 後期)　　160

テオティワカン (メキシコ中央部、先古典期後期 - 古典期、メソアメリカ最大の都市)　　76, 223, 224, 227, 235

テオパンティクアニトラン (ゲレロ州、先古典期前・中期)　　25, 29, 46, 62, 65, 68, 77, 94, 141

テコロテ洞くつ (メキシコ中央部、最古の犬の骨、紀元前3500年)　　41

テティンパ (メキシコ中央部、先古典期中・後期、火山灰に埋もれた集落遺跡)　　75, 78, 170, 224, 235

テナユカ (メキシコ盆地、後古典期)　　223

遺跡索引　*251*

テペスパン（メキシコ中央部、古インディオ期、マンモスなど出土）　33
テママトラ（メキシコ盆地、先古典期中期、犬の埋葬）　41
テレモト - トラルテンコ（メキシコ盆地、先古典期後期、集落遺跡）　41, 167
テワカン（複数の洞くつからなる遺跡群、古期－後古典期、植物の栽培化）
　　　　　　　　　　　　　　　　　　　　　　　　　　　　36, 38, 39〜42
トナラ（メキシコ南東部太平洋側、先古典期中期 - 古典期）　51
トラパコヤ（メキシコ盆地、先古典期中期 - 古典期、拠点遺跡）　165, 167
トラティルコ（メキシコ盆地、先古典期中期、多数の埋葬）　106
トレス・サポテス（メキシコ湾岸、先古典期中期 - 後古典期、オルメカ文明
　最後の拠点遺跡）　24, 25, 28, 46, 58, 80, 89, 128, 199, 224, 228, 233
ドン・マルティン（メソアメリカ南東部太平洋側、チアパス高地、先古典期
　後期、植物遺存体出土）　187

ナ・ハ行

ナクベ（マヤ中部低地、先古典期中・後期）　73, 193
ネクスパ（メキシコ中央部、モレロス州、先古典期前・中期）　170
パソ・デ・ラ・アマダ（メソアメリカ南東部太平洋側、太平洋岸、この地域
　最古の土器、土製建造物）　180
パソ・ロス・オルティセス（メキシコ湾岸、先古典期前期、天然アスファル
　トの産地）　106
ハト・ビエホ（メソアメリカ辺境部、洞くつ遺跡、オルメカ様式ヒスイ製小
　石像）　157
パドレ・ピエドラ（メソアメリカ南東部太平洋側、チアパス高地、先古典期
　前・中期）　26, 46
バランカン（マヤ中部低地、オルメカ様式石彫）　46
ビエホン（メキシコ湾岸、オルメカ様式石彫）　12, 46
ピヒヒアパン（メソアメリカ南東部太平洋側、太平洋岸、オルメカ様式の浮
　彫り）　26, 46, 57
ファブリカ・サン・ホセ（オアハカ、先古典期前・中期、集落遺跡）　175
ブエナ・ビスタ（メソアメリカ南東部太平洋側、太平洋岸、オルメカ様式石
　彫）　46
プエルト・マルケス（ゲレロ州、先古典期前期、最古の土器）　159
フストラワカ（ゲレロ州、洞くつ遺跡、オルメカ様式の壁画）　25, 29, 94,
　　　　　　　　　　　　　　　　　　　　　　　　　　　　　96, 100, 135

ホヤ・デ・セレン（メソアメリカ南東部太平洋側、古典期、火山灰に埋もれた集落遺跡）　76

マ行

マタカパン（メキシコ湾岸、先古典期前期、畝状遺構）　116
マニ（マヤ北部、先古典期前期、ユカタン半島最初の土器）　178, 191, 195
ミラドール（メソアメリカ南東部太平洋側、チアパス高地、先古典期前期 - 古典期）　26, 144, 214
モンテ・アルト（メソアメリカ南東部太平洋側、太平洋岸、先古典期後期）　46, 51
モンテ・アルバン（オアハカ、先古典期中期 - 古典期、拠点遺跡）　76, 173

ヤ・ラ・ワ行

ヤノ・デ・ヒカラ（メキシコ湾岸、石彫製作場、先古典期 - 古典期）　49
ラ・コヨテラ（オアハカ、先古典期中・後期、集落遺跡）　171
ラ・ブランカ（メソアメリカ南東部太平洋側、太平洋岸、先古典期前・中期、オルメカ様式石彫）　46, 180
ラ・ベンタ（メキシコ湾岸、先古典期前・中期、オルメカ文明の拠点遺跡）　14, 15, 23, 24, 28, 46, 50, 72, 79, 84, 90, 91, 94, 115, 124, 178, 218, 224, 227, 234
ラ・ミルパ（マヤ中部低地、古典期、貯水池）　77
ラ・メルセ（メキシコ湾岸、先古典期前期、祭祀遺跡）　105
ラ・ラグニタ（メソアメリカ南東部太平洋側高地、先古典期 - 古典期、集落遺跡）　144
ラグナ・デ・ロス・セロス（メキシコ湾岸、先古典期、拠点遺跡）　46, 49, 51, 56, 84
ロス・セリトス（メソアメリカ南東部太平洋側、太平洋岸、先古典期中期 - 古典期）　210, 212
ロス・ソルダドス（メキシコ湾岸、オルメカ様式石彫）　46, 53, 65
ロス・ナランホス（マヤ中部低地、ヨホア湖畔、先古典期中期 - 後古典期）　13, 15, 144, 178
ロマ・トレモテ（メキシコ盆地、先古典期前期 - 後期、集落遺跡）　40, 165
ワシャクトゥン（マヤ中部低地、先古典期中期 - 古典期）　193

あとがき

　いつのころかはもう私の記憶に残っていないが、古代の文明に興味を持った頃、メソアメリカの歴史、特にオルメカ文明について知りたいと思った。何故なら、新大陸最初の文明の一つであるからであった。ところで、このあとがきを、オルメカ文明の痕跡がみられるメソアメリカの南東部の端であるエル・サルバドルのチャルチュアパ遺跡で書いている。この遺跡が位置するメソアメリカ南東部太平洋側では、オルメカ文明の特徴である巨大な石彫が出土する遺跡は少ない。しかし、チャルチュアパ遺跡ではオルメカ様式の大きな石彫が出土している。この事実をどのような解釈をするかということを考えながら、本書をまとめてみた。しかし、オルメカ文明の実態に迫ることは、なかなか難しい作業であった。

　オルメカ文明に関する1990年代以降の文献には、*Los olmecas en Mesoamérica*（1994）、*The Olmec World: Ritual and Rulership*（1996）、*Olmec Art of Ancient Mexico*（1996）、*The Olmecs: America's First Civilization*（2005）、*Olmec Art and Archaeology in Mesoamerica*（2006）、といったものがある。その内容をみると、オルメカ文明を3時期に区分し、メソアメリカ考古学調査の最新成果を集め、オルメカ社会を交易組織、生業、信仰などと相互に関連づけている。一方、*Social Patterns in Pre-Classic Mesoamerica*（1999）では、これまでのメソアメリカ地域の調査成果から、先古典期社会の発展に関する研究成果をまとめ、先古典期という編年上の枠組みで、メソアメ

リカをみている。

　ヴァイラントがオルメカ文明を定義付けてから1世紀近くが過ぎた。現在のオルメカ研究は停滞しているようにみえる。未だに、オルメカ文明の範囲はメキシコ湾岸のみなのか、メソアメリカ全域なのかということが解決されていない。また、オルメカ文明に相当する時期のメソアメリカ各地方文化の発展を在地のものとする立場と、オルメカ文明を後に続く文明の母文明とする立場がある。本書ではオルメカ文明の範囲はメキシコ湾岸のみという立場をとったが、これはメソアメリカ全域を見渡すとメキシコ湾岸の先古典期中期文明であるオルメカとまったく同じ文化が他地域ではみられないということによる。先古典期において最初に花開いた文明はオルメカである。そして、その後に、マヤ文明をはじめとする文明が栄えた。オルメカ文明はメソアメリカにおける初期文明といえる。しかし、この文明がメソアメリカの母文明といえるのか兄弟文明といえるのかは、現時点では断定できないが、本書がこの問題を考える糸口になればと思う。

　メソアメリカ考古学を学ぶに当たって、大学院のときからいろいろとご指導いただき本書を書くきっかけをくださった貞末堯司先生、そして、本格的にメソアメリカの遺跡で調査をする機会をくださった大井邦明先生には、心からお礼申し上げます。また、メキシコ市で開催されたオルメカ円卓会議（2005年）、同じメキシコのハラパ市人類学博物館の創立20周年を記念したオルメカ学者の国際集会（2006年）、そして、同じハラパ市人類学博物館で開催されたオルメカ学者のアン・サイファー博士のベラクルス南部考古学調査20周年を記念するシンポジウム（2010年）では、オルメカ文明を研究

する方々から、さまざまな学問的な刺激を受けた。この場を借りてお礼申し上げます。また、2010年7月から2011年9月まで、少しお手伝いしたオルメカ文明展が日本で開催されている。本書を構想した時には、日本でオルメカ展を開催する可能性がみえた時でもあった。その時に、今までの研究を凝縮したものを書いてみてはというお誘いを山脇洋亮氏から頂いた。そして、オルメカ文明に関する本をまとめてみようと思いました。本書を書くにあたり、山脇氏には私の稚拙な文章をみていただき、本書の構成などでいろいろと考慮していただきました。深く感謝いたします。

 2011年3月

伊藤　伸幸

中米の初期文明オルメカ

■著者略歴■
伊藤 伸幸（いとう のぶゆき）
1962年 名古屋市生まれ
1990年 金沢大学大学院文学研究科修了
　　　　博士（歴史学）
現　在　名古屋大学大学院文学研究科助教
主要著作
『クレブラ』（タバコと塩の博物館、2001年、編著）、「先古典期中期における玉座について」（貞末堯司編『マヤとインカ』同成社、2005年）、"Desde la frontera mesoamercana," in Olmeca: Balance y perspectivas, 2009、Casa Blanca, Chalcuapa, El Salvador,Universidad Tecnológica de El Salvador, 2010(編著)、『メソアメリカ先古典期文化の研究』（溪水社、2010年）他

2011年5月15日発行

著　者　伊藤 伸幸
発行者　山脇 洋亮
印　刷　モリモト印刷㈱
製　本　協栄製本㈱

発行所　東京都千代田区飯田橋　㈱同成社
　　　　4-4-8 東京中央ビル内
　　　　TEL 03-3239-1467　振替 00140-0-20618

Ⓒ Ito Nobuyuki 2011. Printed in Japan
ISBN978-4-88621-544-4 C1322